だいわ文庫

大人の教養と語彙力が身につく
日本語 語源の楽しみ

岩淵悦太郎＝著
岩淵[illegible]＝監修

大和書房

第3章 知るほど語彙が豊かになる

「熟語」「ことわざ」「慣用句」

第1章　知ると誰かに話したくなる

普段使っている日本語の由来

意味をきちんと説明できないとマズい言葉クイズ ?

【問題】①～④のうち、正しいと思う答えを1つ選んでください

正解はP12～P15

(1) 敷《しき》居《い》が高《たか》い

①説教されるので訪ねたくない
②気ぐらいの高い家で訪ねにくい
③不義理などでその家に行きにくい
④小心なので目ざす家に行きにくい

(2) 金輪際《こんりんざい》

①どこまでも
②せいぜい
③ほとんど
④ようやく

(3) 忌憚《きたん》ない

①遠慮がない
②無礼である
③つつみ隠さない
④関係がない

(4) あけすけ

①あっさりしていること
②ぎくしゃくしていること
③ひどくぶしつけなこと
④隠しだてをしないこと

(5) 僭越《せんえつ》

①非常にずるがしこいこと
②出過ぎた事をすること
③大いばりにいばること
④固苦しい態度をとること

(6) 未明《みめい》

①まだはっきりしないこと
②まだ夜のあけきらないころ
③もの心がつかないころ
④よく見分けがつかないこと

(7) ひるさがり

①ひるの休み
②ひる飯どき
③午後二時ごろ
④夕方近く

(8) 筋金入《すじがねい》り

①ひどくがんこなこと
②うるおいのないこと
③しっかりしていること
④正義感の強いこと

(9) 水《みず》をさす

①じゃまを入れる
②冷笑を加える
③冗談にしてしまう
④座を白けさせる

(10) 提灯《ちょうちん》を持《も》つ

①他人の長所を宣伝する
②他人のあらを宣伝する
③人をおだててあげる
④やたらに言いふらす

【解答】

(1)敷居が高い　③不義理などでその家に行きにくい。

玄関などの敷居が高ければ、またぐのに容易でないという意味で生れた表現。「**どうも敷居が高くて行きにくい**」などと使う。また、他人の家でなく自分の家の場合でもいい。「このところ毎日帰りが遅いので、少し敷居が高い」などと言う。

(2)金輪際　①どこまでも。

仏教で、大地の下を金輪《こんりん》と言う。その金輪のはてが「金輪際」である。そこで、「底の底」「真の底」から「物事の極度」の意味に使うが、さらに転じて副詞的に使って「**金輪際言うことをきかない**」「**金輪際あきらめない**」のようにに「どこまでも」「断じて」の意味で用いる。「金輪際」のように、本来仏教語であったものが、案外に、一般口語として使われている。

(3)忌憚ない　①遠慮がない。

「**忌憚のない意見を言ってください**」などと言う。副詞的に使って「忌憚なく言うならば」などとも言う。「忌」は、いむ意、「憚」は、はばかる意である。すなわち「忌憚」は、いみはばかること、遠慮することである。

(4)あけすけ　④隠しだてをしないこと。

何でもありのままで、包み隠しをしないこと。「**あけすけな性格**」「**あけすけに話す**」のように使う。「あけ」は「開ける」の連用形、「すけ」は「透ける」の連用形である。

(5)僭越　②出過ぎた事をすること。

自分の身分や権限を越えたことをすること。「**僭越ですが、私が司会をつとめます**」などと使う。「僭」は、おごりたかぶる意である。

(6)未明　②まだ夜のあけきらないころ。
「未明に出発する」「未明に火事があった」などと言う。「いまだあけず」の意で、夜がまだ充分にあかるくならないころのことである。

(7)ひるさがり　③午後二時ごろ。
正午を少し過ぎたころ。**「夏のひるさがり」「ひるさがりのうだるような暑さ」**のように使う。

(8)筋金入り　③しっかりしていること。
「筋金」は、物を強くするためにはめこむ細長い金属。**「彼は筋金入りだ」**などと言う。また、「筋金が入っている」というような動詞的な言い方もする。

(9)水をさす　①じゃまを入れる。
むつまじい者同士の間を裂いたり、物事を不調にさせたりすること。**「親子の**

仲に水をさす」などと使う。もと、「水をさす」は水で味や色の濃いものを薄めてしまうことであろう。

⑽提灯を持つ

①他人の長所を宣伝する。他人のために吹聴《ふいちょう》して歩くこと。「**提灯持ち**」とも言う。「提灯」が「チョウチン」と言われるのは唐音《とういん》読みで、「提灯」は鎌倉時代以後、禅宗と共にわが国に入ったものであろう。「提灯を持つ」あるいは「提灯持ち」は、照明のための提灯を持って先に立ち、人の足もとを照らすところから出た表現である。そして、これは人のために計るものであるから、人の短所や悪口を言いふらすのには用いない。もっぱら持ち上げたり、ほめたりする場合に使う。

教養が問われる！　使えると一目置かれる言葉クイズ？

【問題】①〜④のうち、正しいと思う答えを１つ選んでください　正解はP20〜P23

(1) 奇《き》貨《か》

①めずらしい考え
②思いがけぬ災難
③予想外の事態
④得がたい機会

(2) 書《か》き入《い》れ時《どき》

①最も人が出さかるとき
②最も利益があがるとき
③商売が上り坂のとき
④商売がひまで困るとき

(3) 進捗《しんちょく》

①前へ前へすすむこと
②よいほうに向かうこと
③物事の向上すること
④物事のはかどること

(4) 陳情《ちんじょう》

①頭を下げて謝ること
②言いわけをすること
③無理矢理に頼み込むこと
④事情を細かく述べること

(5) 火急《かきゅう》

①全然問題にしないこと
②極めて重大な事件であること
③事態がさし迫っていること
④とてつもなく厳しいこと

(6) 比肩《ひけん》する

①肩を並べる
②肩を組む
③肩を貸す
④肩をいからす

(7) 釘《くぎ》をさす

①念をおしておく
②きびしくしかる
③違約をとがめる
④過失を指摘する

(8) 轍《てつ》を踏《ふ》む

①きまりきったことをする
②きめられた規格通りである
③前人の失敗を繰り返す
④前列に従って行動する

(9) しのぎを削《けず》る

①大いに苦心する
②一所懸命に働く
③ゆったりと構える
④激しく争う

(10) 横車《よこぐるま》を押《お》す

①無理を通す
②強く反対する
③そばから口を出す
④高圧的に出る

【解答】

⑴奇貨　④得がたい機会。

元来は、めずらしい貨財の意。転じて、利用すれば意外な利益を得る見込みのある商品の意になり、さらに転じて、得がたい機会の意に使われるようになった。「**奇貨おくべし**（**得がたい機会だからうまくこれを利用すべきである**）」などと使う。

⑵書き入れ時　②最も利益があがるとき。

「書き入れ」は元来、書き加える、記入の意であるが、商売などがいそがしくて利益が多いときは、帳面に記入することも多いというところから出た言葉。「**八月は観光客がどっと押しかけてくるのでこの町の書き入れ時だ**」「**書き入れ時のいそがしさは格別だ**」などと言う。

⑶進捗　④物事のはかどること。

はかがゆくこと。「捗《はか》」は、はかどる意である。「**作業は思うように進捗しない**」などと使う。

⑷陳情　④事情を細かく述べること。

「陳」は、述べる意で、事情を述べることだが、現在は、「**役所に陳情が引きもきらない**」とか「**国会に陳情する**」とか使われて、訴える、頼み込む、要請するというようなニュアンスで使われることが多い。

⑸火急　③事態がさし迫っていること。

まるで火のつくような、急なこと。「**火急の用事で、飛行機で大阪に飛んだ**」「**火急の事で、間に合わなかった**」などと使う。

(6)比肩する ①肩を並べる。

「**世に比肩するものなし**」のように使う。すなわち、「比肩」は肩を並べてまさりおとりがないという意。

(7)釘をさす ①念をおしておく。

違約などしないように前にちゃんと警告をしておく。「**後から文句が出ないように釘をさしておいた**」などと言う。単に板などを合わせておくだけでなく、念のために釘を打っておくことからであろう。

(8)轍を踏む ③前人の失敗を繰り返す。

「轍」は、車の通った輪のあと。わだち。「轍を踏む」は、前の車の通った同じ所を通ることで、先人のしたことを繰り返す意だが、ことに先人の失敗を再び犯すことに使う。「**轍を踏むことになるからやめたほうがいい**」などと言う。

(9)しのぎを削る　④激しく争う。

「しのぎ」は刀の刃と背との間に小高い線をなしているもの。その「しのぎ」が互いにすれ合って削れるほど、刀と刀とではげしく切り合うという意味。**「しのぎを削って戦う」「優勝争いにしのぎを削る」**などと言う。なお、「しのぎ」は漢字では「鎬」と書く。

(10)横車を押す　①無理を通す。

車を横に押そうとするように、無理と知りながら我意を通すこと。**「どうも社長は横車を押す傾向がある」**などと使う。

表現の引き出しがグンと増える言葉クイズ

【問題】 ①～④のうち、正しいと思う答えを1つ選んでください

正解はP28～P31

(1) 椿事《ちんじ》

①世に知られない秘事
②思いがけないできごと
③風流な遊びをすること
④椿の花の咲く季節

(2) 数奇《すうき》

①好運
②不運
③孤独
④偏屈

(3) 含蓄《がんちく》

①物が豊かにあること
②ゆとりがあること
③ふくみがあること
④笑いがとまらぬこと

(4) 追従《ついしょう》

①相手の供《とも》をすること
②人をげらげら笑うこと
③人の機嫌をとること
④後から追いかけること

(5) けりをつける

①完全にする
②結末をつける
③大掃除をする
④親もとへ帰す

(6) したり顔《がお》

①皮肉そうな顔つき
②失敗したという顔つき
③悟ったような顔つき
④得意満面という顔つき

(7) 風花《かざはな》

①風が花を散らすこと
②枯葉が風に舞うこと
③雪がちらちらすること
④吹雪が激しいこと

(8) 水《みず》をむける

①皮肉を言う
②誘いかける
③話しかける
④口を入れる

(9) 口《くち》さがない

①大きな声を出してさわぐ
②慎みなく口うるさく言う
③絶えずしゃべりつづける
④知ったかぶりの口をきく

(10) 沽券《こけん》にかかわる

①前言にこだわる
②面子にこだわる
③生命に関する
④体面に関する

【解答】

⑴**椿事**　②思いがけないできごと。

「椿」は「荘子」に「珍しい霊木」とされた。したがって「珍」と通じ用いられて「珍事」を「椿事」としたものかと言われる。「**平和な町に、ある日一代椿事が起った**」などと使う。

⑵**数奇**　②不運。

「数」は命数で運命のこと。「奇」は不遇で、相合わない意。ふしあわせ。「**数奇な生涯を送った**」などと使う。

なお、「好き」の当て字として「数奇」と書くこともある。そしてこの場合は風流、風雅を意味する。茶室を「数寄屋《すきや》」と言う。

⑶含蓄　③ふくみがあること。

特に、言いつくせぬ、深い味わいのあること。「**なかなか含蓄のある話だ**」のように使う。「含」は、ふくむ意、「蓄」は、たくわえる意である。

⑷追従　③人の機嫌をとること。

人にこびへつらうこと。おせじ、おべっかを言うこと。「(お)**追従を言う**」の形で使うことが多い。また「追従笑い」「追従口」などの言い方もある。「従」をショウと発音するのは漢音である。ジュウは慣用音。ツイジュウと発音する場合は、あとにつき従うこと。人の言に従うことの意である。

⑸けりをつける　②結末をつける。

「**けりがつく**」とも使う。連歌や俳句には、句の切れ目に、助動詞の「けり」を用いたものが多い。物事の結末をつけるのを「けりをつける」と言った。

(6)したり顔　④得意満面という顔つき。

「したり」はサ変動詞「す」に完了の助動詞「たり」の付いたもの。「やった」というほどの意である。**「したり顔でしゃべる」「あのしたり顔がにくらしい」**などと言う。

(7)風花　③雪がちらちらすること。

ことに、晴天に風で運ばれて雪がちらつくことである。また、一度降った雪が風に吹かれて空中を飛ぶのを言うこともある。

風花や波路のはては空青き　秋桜子《しゅうおうし》

なお、読み方は、カザハナともカザバナとも言う。

(8)水をむける　②誘いかける。

相手の心をある方向に向けさせること。**「結婚話に水をむけたが、なかなか話に乗らなかった」**などと言う。もと、巫子《みこ》が生霊《いきりょう》や死霊を呼び出すときに水をさし向けることからと言われる。

(9)口さがない　②慎みなく口うるさく言う。

古語に「さがなし」というのがある。「よくない」「たちが悪い」の意で、「口さがない」の「さがない」も、この「さがなし」から出たものである。「**口さがない連中**」などと使う。

(10)沽券にかかわる　④体面に関する。

「沽券」の「沽」は「売る」の意で、「沽券」はもと、売り渡し証文のことである。転じて、「うりね」または「ねうち」の意。「学者の沽券にかかわる」「**自分の沽券にかかわるようなことは出来ない**」などと言う。

押さえておきたい「動作」「様子」を表す言葉クイズ

【問題】 ①〜④のうち、正しいと思う答えを1つ選んでください

正解はP36〜P39

(1) 傾倒《けいとう》

①財産をつぶしてしまうこと
②すっかり元気をなくすこと
③一方にかたより過ぎること
④一つ事に全力をつくすこと

(2) 車座《くるまざ》

①車を並べること
②輪《わ》になってすわること
③ごちゃごちゃすわること
④あぐらをかくこと

(3) 払底《ふってい》

①必要なものがなくなること
②きれいさっぱり除くこと
③きれいに掃除すること
④値段が急に下がること

(4) 辟易《へきえき》する

①閉口する
②苦しくなる
③ぞっとする
④むっとする

(5) なしのつぶて

①耳の聞えないこと
②音沙汰《おとさた》のないこと
③帰ってこないこと
④手ごたえのないこと

⑹ かいがいしい

①きびきびしている
②だらだらしている
③さばさばしている
④どっしりしている

⑺ せちがらい

①なかなか窮屈である
②きちょうめんである
③ひどくそらぞらしい
④まったく気味が悪い

⑻ おこがましい

①何かと小うるさい
②身のほど知らずだ
③ひどく気が小さい
④大いにさわがしい

⑼ やぶさかでない

①少しもあわてない
②少しも惜しまない
③ぐずぐずしない
④まごまごしない

⑽ つつがない

①音信がない
②元気がない
③無事である
④穏当である

【解答】

(1)傾倒　④一つ事に全力をつくすこと。

「傾倒する」と動詞として使うことが多い。「**学問に全力を傾倒する**」などと使う。また、「志賀直哉への傾倒」のように、心から慕い、深く心を寄せることをも表わす。「傾倒」は、もともと、立っているものを、かたむけたおすことであり、器を逆さにして中に入っているものを出し尽す場合にも使われた。

(2)車座　②輪《わ》になってすわること。

多くの人が車の輪のようになってすわること。「**先生を中心に車座にすわる**」などと言う。

(3)払底　①必要なものがなくなること。

物が非常に欠乏すること。底をはらって何一つないという意である。「**人材が払底する**」などと言う。

(4)辟易する　①閉口する。

勢いに恐れてしりごみする。へこたれること。「**あまりのしつこさに辟易する**」などと言う。「辟」は、避ける意、「易」は、変える意で、もとは相手の勢いに驚き恐れて、相手のために路を開けて立ちのくことである。

(5)なしのつぶて　②音沙汰《おとさた》のないこと。

「なし」は「梨《なし》」と「無し」とをかけたもの。梨のつぶてにして投げるということと、つぶてを投げれば飛んで行ったきりで何の反応もないということとをかけたもの。「**東京へ出かけて行ったきり、なしのつぶてだ**」などと言う。

(6)かいがいしい　①きびきびしている。**「かいがいしく働く」**のように使う。もとは、「かひがひし」であり、「かひ」は「効果」の意の言葉である。「甲斐甲斐し」はあて字である。

(7)せちがらい　①なかなか窮屈である。世渡りがむずかしいこと。ゆとりがないこと。**「せちがらい世の中」「せちがらいやり方」**などと使う。漢字では「世智辛い」と書くが、「せち」は元来、世間を渡るための知恵の意である。

(8)おこがましい　②身のほど知らずだ。出すぎている。さしでがましいこと。**「おこがましい話ですが、私が代りをつとめます」**などと使う。もと「おこ」は、ばかなこと、おろかの意であって、「がましい」は「晴がましい」「さしでがましい」などと使われる接尾語である。「おこがましい」は、本来は、ばからしい、笑うべきだの意に使った。また「名乗るもおこがましいが」のように、しゃくだの意にも使う。

(9)やぶさかでない　②少しも惜しまない。

「やぶさか」は、もの惜しみすること、けちなこと。「**勇気を認めるにやぶさかでない**」などと言う。古くは「……にやぶさかならず」と言った。

(10)つつがない　③無事である。

病気などもしないし、何の異常もないこと。「つつが」がもともと、病気、異常の意と言う。また「つつが虫」のこととも言われる。漢字では「恙虫」と書く。「つつが虫」は微小な、ダニの一種の幼生。これにさされると、高熱を出したと言う。昔は広く生息していて、その害も多かったのであろう。それで、無病息災であることを「つつがなし」という言葉で表現したのである。さらに転じて、「**大学をつつがなく卒業した**」のように「無事」「別に事もない」の意に使われるようになった。

❖普段から使っている言葉の意外な語源❖

あいづちを打《う》つ

同感してうなずくこと。「**あいづちを打ってくれるから話しやすい**」などと言う。もと、鍛冶屋《かじや》の言葉で、本来は、真っ赤に焼いた鉄を槌《つち》でたたく場合、弟子がその相手となって、いわゆる向こう槌を打つことである。

塩梅《あんばい》

物のほどかげんのこと。「**煮え方の塩梅はどうだ**」のように使う。また「いい塩梅に空が晴れた」などとも使う。もと、「塩梅」は、塩と梅酢のことであって、味をほどよく調和すること。「**料理の塩梅をみる**」などと言う。ほどよく排列する意の「按排《あんばい》」と、この「塩梅」とが混同されたという説がある。

うたげ

宴会のこと。「宴」と書いて「うたげ」と読む。古くは、酒を飲み、手を叩いて楽しむところから、宴会をすることを「打ち上げる」と言い、「打ち上げ」が、ウタゲとつまったものと言われる。

葛藤《かっとう》

もつれ。「葛」は「くず」のこと。「くず」や「ふじ」の蔓《つる》がもつれ合うという意味で、人間関係や心の中で生じるもつれのことを指す。「**葛藤に苦しむ**」などと使われる。

互角《ごかく》

互いに優劣の差がないこと。「**形勢は互角だ**」「**互角にわたり合う**」などと使う。もと、牛の角が左右互いに長短や大小のないことから出た表現で、「牛角」と書かれたとも言う。

貫禄《かんろく》

身に備わった威厳のこと。「**貫禄がある**」「**貫禄がつく**」などと使う。「貫」はもと、「ぜに（銭）さし」「つらぬく」などの意がある。「禄」は「俸給」の意である。貫禄は「俸禄」など武士の値打ちを表わす語で、それらの多い者が「貫禄のある人」であった。

素敵《すてき》

非常にすばらしいこと。「**素敵な人**」などと、形容動詞として使う。「素敵」は、元来、「素晴らしい」などの「素《す》」に「的」を付けたものであるとするのが有力。「すてき」とは「素的」なのであって、「素敵」は当て字ということになる。

圧巻《あっかん》

全体の中で最もすぐれた部分のこと。「**この場面は、その映画の中での圧巻だ**」などと言う。中国で官吏登用試験の際、最もすぐれた答案を一番上にのせたことから出たと言う。「巻」は、この場合は、試験の答案のこと。

未練《みれん》

あきらめきれないこと。心残りで思い切ることのできないこと。「**未練を残す**」などと使うが、また「未練なことを言う」のように、形容動詞としても使う。なお「未練」には、まだ練達しない、未熟という意もある。これから、思い切れない意が導かれた。

案《あん》の定《じょう》

「案」は考え、予想の意、「定」は「必ずそうなると決まっていること」、「間違いないこと」の意で、「案の定」は、予想通りの意である。「**案の定、うまく行かなかった**」などと使う。

しゅん

果物・野菜や魚などについて言う。その物の味の最もよい時期である。「**まつたけは今がしゅんだ**」などと使う。漢字の「旬」から出た言葉。「旬」は一か月を三分した称で、ジュンと言うが、「旬」にはまたシュンという音もある。

台《だい》なし

めちゃくちゃになること。「**晴着が雨で台なしになった**」などと言う。「台」は一説には、仏像の台座を指す。

常連《じょうれん》

いつもその店に顔を出す客のこと。「**毎日常連で店が一杯になる**」「**常連の**

席」などと使う。「連」は、仲間の意であって、「常連」は、もとは、始終連れだっている人たちの意である。なお、「定連」と書くこともある。

一見《いちげん》

初めての対面のことで、客商売の店でも、格式の高い所では紹介がない「一見」の客は断るという風習があった。「見」には「あらわれる」という意味がある。「見」にはゲンという音もあって「見参」は「ゲンザン」である。なお、「一見の価値がある」「一見学者風」などの「一見」は、言うまでもなくイッケンである。

因縁《いんねん》

関係。「**何か因縁があるのだろう**」「**因縁浅からず**」などと使う。もと仏教語。

「因」は物事を成立させる起源、「縁」は因を助けて果を結ばせる力。この因と縁とによって定められた生滅の関係が「因縁」である。

優先《ゆうせん》

他より先にすること。「**歩行者優先**」「**優先的に取り扱う**」「**優先権を認める**」「**優先順位をつける**」などと使う。また、動詞として「この事の方が優先する」などとも使う。この場合の「優」は、まさっている、すぐれているの意。

私語《しご》

ひそひそ話。この場合の「私」は「ひそかに」の意で、「私語」は、ささやくこと。「私語する」と動詞としても使う。「**二人は額を寄せて何やら私語していた**」「**授業中の私語はやめなさい**」などと言う。

皮肉《ひにく》

もともと、皮と肉ということで、骨身にこたえるような鋭い非難を意味した。また、遠まわしに意地の悪いことを言ったりするのを意味する。「**皮肉たっぷりな言い方**」などと使う。また、「皮肉屋」とも言うが、「皮肉る」と動詞としても使う。「皮肉な運命」の場合の「皮肉」は、意地の悪い意である。

抱負《ほうふ》

「**新年にあたって今年の抱負を語る**」などと言う。「抱」は、いだく意、「負」は、せおう意である。転じて、「心中に抱く考え」「計画」という意になった。

盲点《もうてん》

人の気づかない所。「**とんだ盲点だった**」「**盲点をつく**」などと言う。元来は、眼球内から神経が外へ出る円形の小部分で、そこだけ網膜がないため視覚がない。すなわち、医学用語が比喩《ひゆ》的に使われたものである。

いかさま

まがいもの、にせもの、いかがわしいもののこと。「いかさまもの」の略であり、「いかさま」は元来、「いかにもそうだ」の意である。

ごねる

うるさく文句を言うこと。「ごてる」が正しい。恐らく、「ごねる」という形は、この「ごてる」と「だだをこねる」「理屈をこねる」などの「こねる」との混交でできたものであろう。ただし、「ごねる」という形がなかったわけではない。しかし、このほうは「御涅槃《ごねはん》」からきたもので、「死ぬ」の意である。「ごてる」の「ごて」は「ごてごて言う」などの「ごてごて」と同じ語源のものであろう。

手《て》を焼《や》く

取扱いに困ること。触れると大変なほど熱くて、手をつけかねている状態から。「**この子の世話にずいぶん手を焼いたよ**」「**クレームの処理に手を焼く**」などと使う。

物色《ぶっしょく》する

さがし求めること。「物色」はもと、動物の毛色のことであるが、転じて、人物をさがし求める意に使われるようになった。「**適当な候補者を物色する**」のように使う。しかし、今では人間に限らない。広く、「**適当な土地を物色する**」のように使う。また、株などで「物色買い」というものもある。有望株をねらって買うことである。

羽目《はめ》をはずす

調子に乗って度をすごすこと。「**羽目をはずして遊ぶ**」「**酒に酔って、つい羽目をはずした**」などと使う。「羽目」は「苦しい羽目におちいる」などの使い方があるから、恐らく「さかい（境）」の意であろう。その境を取りはずしてしまおうという意味で、「羽目をはずす」ができたのであろうか。一説には羽目板をはずすことだと言う。また、馬の「はみ」（くつわの、馬にくわえさせる所）をはずすことで、「はみ」が「はめ」に転じたとみる考えもある。

つつぬけ

すぐよそに伝わること。「**彼に話したらつつぬけだよ**」「**情報がつつぬけになる**」などと言う。「つつ」は「筒」の意。筒は中が空いているもの。その空いている所を通りぬけるように、話したことがすぐもれてしまうことである。

鉢合《はちあわ》せ

ばったり出あうこと。「**とんだ場所で鉢合せをしたね**」「**鉢合せする心配はない**」などと使う。「鉢」は「鉢の開いた頭」などのように、「頭の鉢」のことで、「鉢合せ」は、出合いがしらに頭と頭とがぶつかりあうこと。「子供同士、廊下で鉢合せして泣き出した」と言うのは、実際に頭と頭とがぶつかりあったことである。

温存《おんぞん》

使わないで、大事にしまっておくこと。「**体力を温存する作戦で勝ちました**」などと使う。「温」は、この場合、いたわり大切にするという意である。大切に保存する意で「温存」が生まれた。

仰天《ぎょうてん》

非常にびっくりすること。もと、驚きのあまり、天を仰ぐことから出たもの。「**びっくり仰天**」「**仰天する**」などと言う。

「仰天」は、元来、中国語から入った漢語で、天を仰いで嘆息するさま、あるいは天を仰いで笑うさまを言った。

陳腐《ちんぷ》

古くさいこと。だれでも知っていて珍しくないこと。ありふれた平凡なこと。「**陳腐な考えだ**」「**陳腐な質問**」などと言う。「陳」は、「新陳代謝」などとも使われるように、古い、久しいの意がある。「陳腐」はもと、古くなって腐っていることである。

あかぬけ

洗練されていること。「垢抜け」と書き、皮膚にたまる垢が取れて、さっぱりするからと言われる。しかし、おそらくは「あくぬけ」の転であろう。植物の中に含まれる「あく」を取ることを「あくぬき」と言うが、その「あく」の抜けることが「あくぬけ」である。

ありきたり

今までの通りで少しも珍しくないこと。「**ありきたりなアイデア**」などと使う。「ありきたり」の「あり」は「存在すること」、「きたり」は動詞の連用形に付いて「し続けて現在にまで及ぶ」を意味する。「もとから存在し続けてきたこと」が転じて、「ありふれていること」になった。

泥酔《でいすい》

正体がなくなるまで酒に酔うこと。「**泥酔して全く正体がない**」などと言う。「泥《でい》」は虫の名で、骨がなく、水中にあれば活発だが、水から離れると酔って、どろのようになってしまう。そこで、その「泥」のように酔うという意味で「泥酔」という語ができたのだと言われる。また、酒に酔って「どろ」のようにぐにゃぐにゃになるからだという説もある。

せっぱつまる

どうにもならなくなること。「**せっぱつまって借金した**」などと使う。「せっぱ」は、切羽と書き、刀のつばの両面の、柄《つか》と鞘《さや》とに当たる部分に添える薄い楕円形の金物である。中程に刀身を貫く穴を設ける。切羽がつまると刀身が抜き差しならなくなるからと言う。

❖ ニュースで耳にするこの言葉、わかりますか？ ❖

経緯《けいい》

いきさつ。一連の出来事の推移を指す言葉。「**完成するまでにいろいろの経緯があった**」などと言う。「経」は縦糸、「緯」は横糸。縦と横との意から、物事の筋道、事情、いきさつの意味になる。

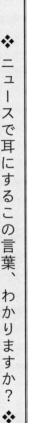

台頭《たいとう》する

勢力を得てくること。「**去年あたりから台頭してきた選手だ**」「**めざましい台頭ぶり**」などと言う。「台」は持ち上げる。「頭」は「あたま」の意。次第に勢力を増してくるような場合に使うのが普通である。

果断《かだん》

思い切って決断したり行動したりすること。「果」には、思い切ってするという意がある。「**果断な処置をする**」などと使う。思い切りがよくて決断力が十分にある性格を、「果断に富む」と言う。

辣腕《らつわん》

すごい腕前。きびしいやり方で、てきぱきと処理する能力があること。「**辣腕をふるう**」「**辣腕家**」などと言う。「辣」は、「辛辣」などと使われる「辣」で、本来、味のからいことである。「腕」は、うでだが、「敏腕」「豪腕」などと使われる。

勘定高《かんじょうだか》い

金銭の計算が細かくてやかましいこと。あるいは利害に対して敏感で打算的なこと。「**彼は勘定高い男だ**」などと言う。

「勘定」は、もとは、かんがえ定めることで、転じて、計算する意になった。

天下《あまくだ》り

高級官僚が退職した後、特権的に関連の深い民間会社や団体の高い地位に就くこと。または、官庁から民間への強制的な命令のこともさす。もとは、天上界から地上界へ降下することである。「天降り」と書いた。

お墨付《すみつき》

「墨付」は元来、墨のつきぐあい、筆跡のことであるが、転じて、武家時代に、幕府や大名から後日の証拠として、その臣下などに与えた文書を言う。「権力や権限のある人による保証」という意。「**今回の論文は高く評価されるだろうと、教授からお墨付をもらった**」などと使う。

老舗《しにせ》

昔からの店。「**あの店は江戸時代からの老舗だ**」「**この通りには、老舗がずらりと並んでいる**」などと言う。もと先祖の家業を絶やさずに続けることを「しにせる」（サ行下一段活用）と言った。

言質《げんち》

後日の証拠となる言葉。「ゲンシツ」と言う人もあるが、「質」にはシツ・シチのほかにチという音があって、「言質」の場合は「ゲンチ」というのが正しいようである。「**相手に言質を与える**」「**言質をとられないように注意する**」などと使う。

去就《きょしゅう》

出処進退。「去」は去り行くことで、「就」はそこにとどまること。今後の身の振り方を指す言葉。「**去就に迷う**」「**去就を決する**」「**彼の去就が明らかでない**」などと使う。

左遷《させん》

低い官職に落すこと。中国では、古く、右を尊び左をいやしむ風習があった。「遷」はうつす意である。なお「左遷する」と動詞としても使う。「**支店に左遷された**」と使う。

懸案《けんあん》

なかなか解決しない問題や事柄。「懸」は決着していない状態。「案」は考えや計画。「**懸案事項が山積している**」「**長い間の懸案がついに片づいた**」などと使う。

裁量《さいりょう》

適当に問題をとりさばくこと。「**自由裁量の余地が少ない**」「**裁量に任せる**」「**自分の裁量で決める**」などと言う。「裁」は、物事をうまく分ける、さばく意。「量」には、考えはかる意がある。

腹心《ふくしん》

自分の腹であり、心であるという意味でできた表現で、どんな心の奥底の事も打ち明けて話せる信頼できる人の事である。「**腹心の部下**」などと言う。

帯同《たいどう》

一緒に連れて行くこと。「**秘書を帯同して出かける**」などと言う。「帯」はもと、手をとりあって同じ行動をとることで、「連帯」というような語もある。

奔走《ほんそう》

あれこれ努力すること。「**涙ぐましい奔走ぶり**」などと言うが、「**奔走する**」と動詞として使うことが多い。「**資金集めに奔走する**」などと使う。「奔」も「走」も、はしる意で、「奔走」は、もと、あちこち走りまわることを意味する。なお、あちこち奔走するのを「東奔西走」と言う。

捻出《ねんしゅつ》

工夫、苦心をしてひねり出すこと。「捻」は、ひねる意味がある。「**ようやく捻出した費用**」「**新製品のアイデアを捻出する**」「**子供と遊ぶ時間を捻出する**」などと使う。

かけあう

要求について先方と話しあう。交渉すること。「**家賃について大家とかけあう**」などと使う。なお、名詞形の「かけあい」は「**市役所にかけあいに行く**」などと使う。また、「かけあい」は、「かけあい漫才」なども使われる。この場合の「かけあい」は、何人かで、せりふをやりとりすることである。「かけあう」のもとの意味は、両軍兵力が互いに攻めかかり合うことである。

鼓舞《こぶ》する

人の気をふるい起させること。「**士気を鼓舞する**」と使う。「鼓」はつづみを打つこと、「舞」はもちろん舞うことで、音楽や舞で人の気持を励ますのが「鼓舞する」であるが、転じて、単に「励ます」の意に用いるようになった。

はっぱをかける

気合いを入れて督励すること。「**もたもたしているので、はっぱをかけてやった**」などと言う。「はっぱ」は「発破」で、岩石に爆薬をしかけてこれを爆破することであり、またその爆薬のダイナマイトのことも言う。「はっぱをかける」は炭鉱などで生れた表現であろう。

軌《き》道《どう》に乗《の》る

物事が順調に運ぶこと。「軌」は、わだち、あるいは車の通るべき道の意であって、「軌道」は言わばレールのことである。車がレールの上に乗ることであるから、うまく物事が運ぶようになるわけ。「**計画もようやく軌道に乗ってきた**」などと言う。

❖使いこなせると「賢い」と思われる言葉❖

おざなり

いいかげんなこと。「お」は敬語の接頭語で「座」に「山なり」「言いなり」などと使う「なり」(形状、ありさま、その通り、そのままなどの意)が付いてできた語である。その場をつくろうだけのことの意。「**おざなりの計画**」「**おざなりの答弁**」などと言う。なお、江戸時代に同じような意味を表わすものに、「座敷なり」「お座敷なり」というのがあった。

忸怩《じくじ》

自分がした行いについて振り返って恥じる様子。または、自分の行いで誰かに迷惑をかけてしまった場合などに申し訳なく感じている状態のこと。「**内心忸怩たるものがある**」のように使うことが多い。「忸」も「怩」も、共に、恥じることである。

親展《しんてん》

本人が開封すべきこと。「親」は「みずから」の意。「展」は「ひろげる」の意である。自身のほかは開封してはならないことを示すもので、親が見るものという意味ではない。

切口上《きりこうじょう》

改まった調子の言葉つきのこと。「**切口上であいさつする**」「**まるで切口上だ**」などと使う。舞台で口上を述べる時、改まった調子で一句一句切って発音したことからと言われる。

顛末《てんまつ》

物事の始めから終りまで。事の成り行きのこと。「**事件の顛末が詳しく記してある**」などと使う。「顛」は、いただきの意。「末」は、言うまでもなく、すえの意である。いただきから末までの意でできた語であろう。

万全《ばんぜん》

全く完全であること。「**万全を期する**」「**万全の策を講ずる**」などと使う。この語の発音はバンゼンだが、誤ってマンゼンと言う人がいる。「万」は呉音《ごおん》でマン、漢音でバンである。

早晩《そうばん》

そのうちにということ。「**後任の部長は早晩決まるでしょう**」などと使う。「晩」は、おそい意で、早いこととおそいことの意から、「おそかれ早かれ」「いずれそのうちに」の意に転じた。

おもわく

あらかじめ考えていた事柄、考え、意図。もと「思ふ」に接尾語「く」の付いたもので「思うこと」の意。「おもはく」と書かれたが、後世当て字で「思惑」とした。「**世間の思惑を気にする**」の「思惑」は世間のその人に対する考えという意。相場の上がり下がりを予想する意もある。「**思惑がはずれる**」「**思惑違い**」は予想がはずれる意。

保身《ほしん》

自分の安泰を守ること。「**保身の術にたけている**」「**自分の保身ばかりを考えている**」などと使う。「保身」は「身を保つ」ことである。

清算《せいさん》

過去の貸し借りなどをきれいにして、関係を処理すること。あるいは、会社などが解散した時、後始末のために財産関係を整理することである。

払拭《ふっしょく》

すっかり取り除くこと。不信感・不快感などの精神的に良くないものや、悪いイメージ・噂などのネガティブな事を取り除いて完全に消し去る、取り去ること。「払」は、はらうや除去する意、「拭」は、ぬぐう意である。

介入《かいにゅう》

当事者以外の者が入り込むこと。事件に干渉すること。「**政治の介入は極力避**

ける」などと言う。「介入する」と動詞としても使う。**「両者の争いには介入しない」**などと使う。「介」は、間にはいる意である。

水物《みずもの》

運に左右されやすく予想が困難なもの。興行などはよく「水物」と言われる。**「商売は水物だから、1日くらい売上が落ち込んでも気にするな」**などと使う。なお「水物」という語は、酒などの流動物をさして言う場合があり、また、水分を多く含むものをさして言う場合もある。

老獪《ろうかい》

「老」は世なれしていること、「獪」は悪がしこいこと。世俗の経験をたくさん積んで悪がしこいのが「老獪」である。**「老獪なやり方」「老獪ぶりを発揮**

する」などと使う。

融通《ゆうずう》

金銭をやりくりすること。「**金の融通を頼む**」などと使う。「融」は、とける、とおる意、「通」は、とおる、かよう意である。もと、「融通」は、とどこおらずに通ずることである。また「**彼は融通がきくほうだ**」などと使う。

忙殺《ぼうさつ》

非常にいそがしいこと。主として動詞として「**仕事に忙殺される**」のように使う。「忙殺」の「殺」は「ころす」の意味ではなく、単に意味を強めるために添えた助字である。

食傷《しょくしょう》

同じ事の繰り返しでいやになること。「**いくらおもしろい事でも毎日となると食傷してしまう**」などと使う。「食傷」は、本来、食あたりで胃にもたれること、「生ものを食べて食傷をした」というような表現で使われる言葉。

亜流《ありゅう》

オリジナルを真似たもの。「**人気商品の亜流が続々と登場する**」などと使う。「亜流」の「亜」は「次ぐ」の意。追従して現われる模倣性の強いもののことで、場合によっては面白味のないものというマイナスイメージが付与されることもある。

捏造《ねつぞう》

根も葉もないことを事実のようにして言うこと。「**その説は捏造だ**」「**捏造した事件**」などと言う。「捏」は、こねる意。「捏造」は、もと、土などをこねて物の形を作ることである。「捏」の音は元来デツなので、「でっちあげる」の「でっち」もこの音から出たものかと考えられる。

邁進《まいしん》

何事をも恐れることなく進むこと。「**勇往邁進**」「**一路邁進する**」などの形で使うことが多い。「邁」は、「高邁」などと使われ、すぐれることの意であるが、また、いさむこと、ほかを顧みないことにも使う。

専横《せんおう》

わがまま勝手に振舞うこと。「**市の専横的な政策を非難する**」「**専横な振舞いが多い**」などと使う。「専」は、もっぱらにする意、「横」は、ほしいまま、よこしまの意である。

かんばしい

大変りっぱである。という意。「**かんばしい成績とは言えない**」「**評判はあまりかんばしくない**」などと使う。現在では下に打消しの語を伴うことが多い。「かんばしい」は、もと「かぐはし」の音の変化したもので、たとえば、梅などの香りの高いことを意味する形容詞。「こうばしい」も、「かぐはし」から転じた「かうばし」がさらに転じた語である。

そつがない

手ぬかりがないこと。「**万事につけてそつがない**」「**全くそつのない男だ**」のように使う。「そつ」は「手ぬかり」の意だが、「そつがある」という言い方は「彼にそつがあるとは思われない」のような場合だけで、普通は、否定を伴った言い方で使われる。

淘汰《とうた》

不適当なものを除くこと。「**自然淘汰**」などと言う。「自然淘汰」は、環境に適応しないものは死滅し、適応するものだけが生き残る現象である。「淘汰する」と動詞としても使う。「淘」も「汰」も、共に、あらう、えらぶ意で、もとは、洗ってえり分ける意である。

けむにまく

大げさなことなどを言ってうまくごまかすこと。「**べらべらしゃべって相手をけむにまく**」などと言う。「けむ」は「けむり（煙）」のこと。煙を立てて、その中に巻き込む意。

籠絡《ろうらく》する

言いくるめて、うまくまるめ込むこと。「**親を籠絡して金をせしめる**」などと使う。「籠」は、つつむという意、「絡」は、しばる、からむの意である。「かごの中に入れてしばる」となり、転じて「他人を上手に手なずけて自由に操縦する」と言う意で使われるようになった。

足《あし》が出《で》る

金が多くかかって、予算では足りなくなること。「**やり方がまずくて足が出てしまった**」などと言う。「足を出す」とも言う。着物のたけが短くて足が出ることからであろうか。

ひとり合点《がてん》

自分だけがわかったつもりになること。「**ひとり合点で行動するから、まわりの者が迷惑する**」などと言う。「合点」はガテンまたはガッテンと発音する。元来は、和歌などで、すぐれたものに付けるしるしのこと。さらに、回状などに承知の意を表わすため自分の名前につけるしるしのことをも言い、転じて、承知の意に使われる。

アリバイ

現場不在の証明。alibi から。元来はラテン語で「他の所に」の意。被疑者は他の場所にいたということを証明するもの。「**アリバイが明らかになったので釈放された**」などと使う。

ボイコット

排斥すること。boycott から。共同して、ある勢力を排斥すること。「**民衆のボイコットを受けた**」「**町の顔役をボイコットする**」などと使う。

また、特定の商店あるいは商品に対して不買同盟を結ぶことをも言う。「**あの商品は値段が高過ぎるということでボイコットが起された**」などと使う。もと、アイルランドの土地管理人 C.C.Boycott が土地の農民に憎まれ、一八八〇年に農民たちから一切の社会関係を断たれたことから出たと言われる。

ノルマ

労働の責任量。ロシア語のnormaから。各人に割り当てられた一定時間内の労働基準量。第二次大戦後、ソ連に抑留された人たちが持ち帰った語である。それ以来「**ノルマを果たす**」「**ノルマ以上の仕事をしている**」などと使われている。

カテゴリー

範疇。ドイツ語のKategorieから。部門。部類。哲学では、事物を分類するとき、もはやそれ以上に分けることのできない、最も根本的、一般的な基本概念。日本では、もっぱら哲学用語として用いられ、「範疇」という訳語が与えられた。なお、『書経』の「洪範九疇」というものから思想家の西周《にしあまね》（一八二九〜一八九七）が作ったものと言われる。

❖「語彙力がある」と感心される言葉❖

けんもほろろ

とりつくすべもないさま。「**けんもほろろに断られる**」などと言う。「けん」も「ほろろ」も、共にキジの鳴き声であって、キジの鳴き声が無愛想に聞えることからと言う。また、その鳴き声の「けん」に、「けんどん」、「けんけんする」（とげとげしい）などの「けん」をかけたのだとも言われる。

斟酌《しんしゃく》

考えて手加減すること。「**少しも斟酌しない**」「**斟酌なく御批評ください**」ななど使う。もと、「斟」も「酌」も、共に、水などを汲み取ること。事情を汲み取る意から、適当にとりはからう意に移ったのであろう。

破竹《はちく》

猛烈な勢いのこと。「**破竹の進撃**」などと言う。竹を割る時、初めの節を割れば、あとは次々とおもしろいように割れていくところから、「**破竹の勢い**」という語が生れた。その「破竹の勢い」から、単に「破竹」とも使うようになった。

蟬時雨《せみしぐれ》

多くのせみが鳴き立てること。せみがいっせいに鳴き立てると、ちょうど時雨《しぐれ》が降るときのような感じがするところから「蟬時雨」と言ったもの。「時雨」は言うまでもなく、さっと降って通り過ぎる雨。

薫陶《くんとう》

りっぱな人間を作ること。「**学生の薫陶に当る**」「**師の薫陶を受ける**」などと言う。もと、「薫」は香をたいてかおりをしみ込ませる意、「陶」は粘土を焼いて焼き物とする意である。

研鑽《けんさん》

物事の道理をきわめること。学問などを深くきわめること。「**医学の研鑽に努める**」などと言う。また、「研鑽する」と動詞としても使う。「研」はみがくこと、「鑽」は、深く切り込むことである。

光陰《こういん》

月日。「**光陰矢のごとし**」「**一寸の光陰軽んずべからず**」などと言う。「光」は日、「陰」は月で、「光陰」は月日、年月、歳月、時間の意味で使われる。

風物《ふうぶつ》

目に入るいろいろの景色。自然の風物。またその土地の、その季節の景色・情景・生活あるいは習俗などを言う。「風物詩」という言葉もある。「**金魚売りは夏の風物詩だ**」などと言う。なお「風」には景色・おもむきの意がある。

うつせみ

「うつせみ」はまた「うつしみ」とも言い、「現身」とも書かれた。生きているこの身、肉体の意であるが、転じて、「この世」の意に使われた。なお、当て字で「空蝉」と書くことがあるが、元来「空蝉」は蝉のぬけ殻のことである。「空蝉」は『源氏物語』中の女性の一人であり、また巻の名として有名。

風致《ふうち》

趣のあること。「**自然の風致をけがす**」などと言う。また「風致地区」というのは、都市計画に基づいて自然の風致を維持するように特に指定された地区のことである。「風致」は元来、人のなりかたち、おもむきの意である。

昵懇《じっこん》

親しくつきあうこと。「**昵懇の間柄**」とか「**あの人と昵懇になる**」などと言う。「昵」は、近づく、なれる意である。「懇」は、言うまでもなく、ねんごろ、親しいの意。なお、親しくつきあうことを「入魂（ジッコン、ジュコン）」と言い、「昵懇」と同じような使い方をした。もともと同じ語で、表記が変ったものであろうか。

機微《きび》

容易にはわからぬ微妙な事情のこと。「**人生の機微に触れる**」「**機微をうかがつ**」などと言う。「機」は、物事のはたらきの意。「微」は、かすかである意である。

胡乱《うろん》

疑わしいこと。「**胡乱な行動**」「**胡乱な男**」などと使う。もとは、いいかげんなこと、確かでないことの意。「胡」には、でたらめ、すじが通らない、とりとめがないという意がある。

陶然《とうぜん》

うっとりしたさま。特に酒に酔っている時の楽しい様子。「**陶然と酔う**」などと使う。「陶」は、やきものの意だが、やきものは、土をこねて焼くものであるから、人を導き教える意に使い、「陶冶《とうや》」「薫陶《くんとう》」などという熟語が生まれたが、さらに、心の中で喜ぶ意となったものである。「陶酔」という語もある。

迂遠《うえん》

曲がりくねっていて遠いこと、世事にうとくて実用に適していないこと。「**あまりにも迂遠なやり方だ**」「**迂遠な計画である**」などと使う。もと、「迂」は、まわり遠いこと、実情にうといこと。

皆目《かいもく》

まったく。すっかり。「**皆目行方がわからない**」「**皆目見当がつかない**」のように、下に打消しの語がくることで、強く打ち消す気持や否定を強調することができる。

尋常《じんじょう》

普通であること。「**尋常一様の努力ではだめだ**」などと形容動詞として使う。漢字の「尋」は、もと、八尺（約二・五メートル）の長さのこと、日本語では「ひろ」と言う。「常」は「尋」の倍の長さで、「尋常」は、あまり大きくも小さくもない距離、または広さを意味した。

気宇《きう》

心のうち。「**気宇広大**」などと言う。「器宇」とも書く。「気宇」は、気ぐらい、度量の意であり、「器宇」の「器」は、うつわの意で「器宇」は人柄、人品、度量の意である。「宇」は、元来、ひさし、のき、屋根の意である。

牙城《がじょう》

大将のいる本城。あるいは、城の中の大将のいる所。「**敵の牙城に攻め入る**」などと使う。「牙」は大将または天子の居所に立てる大旗のことである。旗のさおの先を象牙で飾ったからと言う。

不遜《ふそん》

思いあがった態度のこと。「**不遜にも神にそむく**」「**不遜な行動**」のように形容動詞として使う。「遜」は、「謙遜」などと使われるように、へりくだる意であるから、「不遜」は、へりくだらない意である。

瀟洒《しょうしゃ》

さっぱりとしていて、きれいなさま。「**瀟洒な建物**」「**瀟洒な服装**」などと使う。「瀟」は、水が清く深い意、「洒」は、あらう意である。

杜撰《ずさん》

粗雑なこと。いいかげんなこと。物事に抜け落ちた所が多く、取扱い方の不注意な点の多いさま。もと、宋の杜黙《ともく》の作った詩が、多く律に合わなかったため、時の人が、格に合わないことを「杜撰」と言ったという故事から出たと言われる。「撰」は詩や文章を作ること、「杜撰」は杜黙の作品の意。

肉薄《にくはく》

すぐ近くに押し寄せること。「肉」は身体のことであり、「薄」はこの場合、

「迫る」という意味である。「**肉薄戦**」などと言う。また「肉薄する」と動詞として使われる。「**敵の牙城に肉薄する**」などと使う。

伯仲《はくちゅう》

似たりよったりのこと。元来、「伯」は長兄、「仲」はそれに次ぐものの意であって、「伯仲」は兄弟を意味する。転じて「**両者の力が伯仲する**」のように、人物・技量などが相劣らないことを言う。

つまはじき

排斥非難すること。もと、指の爪の先を親指の腹にかけてはじくこと。「つめ」と「はじく」との熟合してできた語である。「**世人のつまはじきを受ける**」などと使う。

おもはゆい

はずかしいこと。「おも（＝面）」と「はゆし（＝映ゆるさま。まばゆいさま）」との造語で、相手と顔を合わせるとまぶしくなる意である。「**衆人に見られておもはゆい感じだ**」などと使う。

かりそめ

一時的なこと。ふとしたこと。「**かりそめの縁**」などと言う。また、「**かりそめにも、人の悪口は言ってはならない**」などとも使う。この「かりそめにも」は、「決して」「冗談にも」の意である。また、「**かりそめにも客である以上は**」の「かりそめにも」は、「いやしくも」「少なくとも」という意である。「かりそめ」の語源については、『岩波古語辞典』では、「仮り染め」で、本式でなく一時的に染めることであろうとしている。

鼻白《はなじろ》む

気おくれした顔をすること。びっくりして気おくれした時には、鼻の頭が白くなるからだと言われる。「**向かい合うと鼻白んで言葉もない**」などと言う。

喧伝《けんでん》

言いふらすこと。「喧」は「かまびすしい」「やかましい」の意。「喧伝する」と動詞としても使う。「**社会に広く喧伝される**」などと言う。

逸話《いつわ》

この「逸」は「逸書」「逸文」「逸史」などの「逸」とおなじく、「隠されていて世に知られない」の意。「**彼は逸話の多い人だ**」「**まことに謹厳で、逸話ら**

しいものは一つも伝わっていない」などと使う。

瑣事《さじ》

ごくつまらぬこと。「**瑣事を気にする**」「**瑣事にこだわる**」などと言う。「瑣」は、元来、玉のふれあって鳴る音で、転じて、こまかく小さいことの意となる。「些事」とも書く。「些」は、いささか、少しの意。

弱冠《じゃっかん》

年齢の若いこと。「弱」は年の若いこと。周代の制度では二十歳で元服《げんぷく》（大人の衣服を着、冠をつける成人の儀式）し、これを「弱冠」と称した。そこで「弱冠」は二十歳の異称となり、転じて一般に年齢の若いことに用いた。「**弱冠十九歳**」などと言う。なお「冠」は元服をすること。

ひとかど

漢字では「一角」「一廉」と書くことが多いが、元来は、一つの事柄、一つの分野の意で、そこから、一人前、あるいはひときわすぐれていることの意が生じた。「**ひとかどの人物**」「**ひとかどの見識**」「**ひとかどの働きをする**」などと使う。イッカドと言う語があり、これも「一廉」と書き、相当の、あるいは、一人前の意で使うが、「ひとかど」から来たものであろうか。

錯綜《さくそう》

複雑にいりくむこと。「**事情は極めて錯綜している**」「**錯綜した状態を取りほぐしていく**」などと使う。「錯」は、入りまじる意、「綜」は、元来織機の「おさ」のことで、とりすべる意。転じて、まじる意に使う。

土壇場《どたんば》

元来、土壇場は罪人の刑を行う場所のこと。首を切られる所であるから、転じて、せっぱつまった最後の場合を言うようになったもの。「**土壇場に追いつめられた**」「**決定が土壇場でひっくりかえった**」などと使う。

重宝《ちょうほう》

便利なこと。「調法」とも書くが、語源的にはやはり「重宝」であろう。「重宝」はもともと「大切な宝」「宝のように大切にすること」であるが、転じて便利なことの意になり、「**大変重宝に使う**」のように形容動詞として使う。また、「重宝する」と動詞としても使う。「**旅先でひどく重宝した**」などと言う。

不毛《ふもう》

物が育たないこと。「**そういう議論は不毛だ**」「**不毛の土地**」のように使う。元来、「毛」は植物の生育について言うもので、「二毛作」などとも言う。「不毛」は、もともと、土地がやせていて作物が育たないことである。

つるべおとし

縄や竿《さお》を付けて井戸の水をくみ上げる小桶（つるべ）を、井戸の中に落すように、まっすぐに早く落ちること。ことに、秋の日の暮れやすいことを形容するのに使う。「**秋の日はつるべおとし**」。なお、「つるべ」は「つる（釣）」に「へ（瓶）」の付いたものである。

ギヤマン

ガラス。オランダ語 diamant のなまり。元来はダイヤモンドのことであるが、ガラスを切るのにダイヤモンドを使ったので転じてガラスそのものを称するようになった。江戸時代に使われた言葉であるが、明治になっても一部ではガラスをギヤマンと言っていたようである。

いがみあう

人が互いに争う。けんかすること。「**何かと言うとすぐいがみあう**」などと言う。また「**親子のいがみあい**」のように名詞としても使う。「いがむ」は、もと、けものが歯をむき出してかみつこうとすること。

はぶりがいい

世間で勢力がある。または、人望があること。「実業家ではぶりがいい」などと言う。また「はぶりがきく」「はぶりをきかす」という言い方もある。「はぶり」は「羽振り」で、元来は、鳥が羽を振ること、あるいは、鳥の羽の形のことであろう。

❖知っていると品格が上がる言葉❖

便乗《びんじょう》する

機会をうまく利用すること。「**品不足に便乗して値上げをする**」などと使う。「便」には、「たより」「よいついで」の意がある。もと、車や馬などに便宜を得て乗ること、人の車や馬に乗せてもらうことで、「**便乗者が一名いる**」などと使う。

垣間《かいま》見る

こっそりのぞくこと。「垣間」は物のすきまのこと。その「かきま」が、音便で「かいま」となったものである。「**垣間見ただけだから、よくはわからない**」などと使う。名詞的に「かいまみ」とも使う。

つばぜりあい

はげしく競争すること。「**しばらくつばぜりあいが続くだろう**」などと言う。もと、刀の「つば」と、「せりあい」とが複合してできた語で、「せりあい」は「せりあう」の連用形（名詞形）で、争うことである。打ち込んだ刀を、互いにつばの所で止め合ったまま押し合うことで、転じて、非常に緊迫した状態にあることを「つばぜりあい」と言う。

きびすを返《かえ》す

あと戻りすること。「**ただちにきびすを返して帰京した**」などと使う。「きびす」は「くびす」とも言われる。足の「かかと」のことである。なお、「きびす（くびす）を接して」は、続々と、次から次へと、の意。「**彼の門下からはすぐれた学者がきびすを接して現われた**」などと言う。

私淑《ししゅく》する

直接教えは受けないが、ひそかに自分の先生として師事すること。「**本居宣長に私淑する**」のように言う。「私」は「ひそかに」の意、「淑」は手本とすべき事の意であって、「私淑」は、ひそかにその人を師として自分の身をよくすることである。なお、「淑徳」「淑女」の「淑」は、うつくしく、やさしい意。

標榜《ひょうぼう》する

主張などを人にわかるようにはっきりと示すこと。「標」は「しるし」、「榜」は「ふだ」であるが、いずれも人に示すためのもので、もと、人の善行をほめたたえて、その事実をしるして門戸にかかげ、大勢の人に示すこと。

頭《あたま》ごなし

相手の言い分も聞かずに最初から押えつけること。「**頭ごなしにやっつけられる**」「**社長にかかると頭ごなしだから、いやになるよ**」などと使う。「こなし」は「こなす」の連用形で、「こなす」には、「細かくだく」「自由にあつかいならす」などの意がある。「腹ごなし」は食べた物を運動などをして消化することである。

茶々《ちゃちゃ》を入《い》れる

じゃまをすること。「**せっかくの話に茶々を入れられた**」などと使う。「茶々が入る」としても使ったようだ。また古くは「茶々を付ける」とも言ったらしい。

懐柔《かいじゅう》する

うまいことを言って自分の思うように従わせること。「**反対派を懐柔する**」「**懐柔政策をとる**」などと使う。「懐」は「なつく」「なつかせる」の意。

堪能《たんのう》する

満足すること。「**充分食べたので堪能した**」などと言う。「堪能」はあて字であって、元来は、足りぬ（充分だの意）から出た「足んぬ」のなまったものである。「堪」の音は元来カンであってタンではないが、誤って、「堪能」と書いたものであろう。ただし、もともと「堪能」と書かれた語はあったが、これはカンノウと読まれ、技倆《ぎりょう》のすぐれていること、熟達していることを表わすものであった。「**書に堪能だ**」などと使う。

とぼける

しらばくれること。「**彼はとぼけることが実にうまい**」などと言う。転じて、しらばくれた様子でこっけいにふるまうことをも言う。「**とぼけたかっこうをして笑わせる**」などと使う。「ぼける」に接頭語の「と」が付いたものであろうか。

迎合《げいごう》する

相手の気に入るようにする。他の意を迎えて、これに合わせるようにすること。「**社長に迎合する**」などと言う。

のさばる

いばって気ままにふるまう。また、大きな顔をして歩きまわること。「**仲間の中でのさばっている**」などと言う。さらに「のさばり出る」「のさばり返る」という語もある。語源は、伸《の》し張《は》るの意かという説がある。

無《む》心《しん》する

金品をねだること。「**一万円を友人に無心する**」のように使う。また「叔父に無心を言う」のように名詞としても使う。なお、名詞としての「無心」には、「何の考えもないこと」「無邪気なこと」の意もある。たとえば「無心に遊ぶ子供たち」のように。恐らくこのような意味から転じて、金品をねだる意味が出たものであろう。

図《ず》に乗《の》る

調子づいてつけあがること。「少し甘やかすとすぐ図に乗って来る」などと言う。「図に当る」という言い方もあるので、この場合の「図」は、たくらみ、思うつぼというほどの意であろう。なお、「頭に乗る」と書いたものも多い。

はなを持《も》たす

相手を立てること。相手に勝ちや名誉を譲る。「**はなを持たして負けてやる**」などと言う。この「はな」は「花」である。

こじれる

事が順調に運ばないこと。「**話がこじれる**」などと使う。また、「**病気がこじれる**」などは、病気が順調になおらないで長引くこと。病気の場合は、「病気をこじらす」とも言う。もと、曲がる、ひねくれる意である。

おごる

いい気になること。得意になる。ことわざに「**おごる平家《へいけ》久しからず**」などがある。『平家物語』の「おごれる人も久しからず、只春の夜のごとし」から出たものである。「おごり高ぶる」とも言う。「おごる」は転じて、必要以上にぜいたくをする意になり、さらに、金を出して人に御馳走《ごちそう》するのにも使う。「**今日はおれのおごりだ**」などと言う。漢字では「驕」「奢」を当てる。

荷担《かたん》する

力を添えて助けること。「**悪事に荷担する**」などと使う。肩にするのを「荷」、背にするのを「担」と言い、本来の意は、品物をになうことである。新聞などでは、しばしば「加担」と書かれる。

辛酸《しんさん》をなめる

苦しみを味わうこと。「辛」は、からい意、「酸」は、すっぱい意で、「**少年時**

代つぶさに辛酸をなめた」などと言う。つぶさにいろいろの苦しい経験をしたことである。

指南《しなん》

教えること。「剣術指南」「指南所」などと使われ、また、「指南する」と動詞の形でも使われる。もと「指南車」から出た言葉。指南車は、中国の上代に、方向を知るために、車に乗せた木像の手の指が常に南の方向を指さすようなしかけにしたもの。恐らく磁針を応用したものであろうと言われる。中国古代の黄帝が蚩尤《しゆう》と戦ったときに作ったと言い、また、周公が初めて作ったとも言う。

亡命《ぼうめい》

他国へ逃げのびること。「亡」は逃げること、「命」は「名」と同じで、「亡命」はもと、名籍を脱して逃げうせることである。政治的理由で故国を脱出する場合に使うことが多い。「亡命する」と動詞としても使う。**「彼はイギリスの貴族だが、フランスへ亡命した」**などと言う。

放念《ほうねん》

気にしないこと。心配しないこと。手紙で「**大変元気ですから御放念ください**」などと使う。「念」は、心の中のおもい、あるいは注意することで、「放念」は、その念をときはなすことである。

連座《れんざ》

まきぞえ。「連座」はもと、同じ席につらなることであるが、一人の犯罪について特定の範囲の何人かが連帯責任を負って罰せられること。また、罪になる事件に関係して一緒に処罰を受けること。

遊説《ゆうぜい》

自分の意見を説き回ること。「**首相は関西地方の遊説に出かけた**」などと使う。「遊」は「歩き回る」意。なお「遊説する」と動詞としても使う。

心酔《しんすい》

心から熱中すること。また、人、または事に感心して、心から尊敬すること。

「心酔」は、もと「心から酔うこと」「心をうばわれること」の意である。

中傷《ちゅうしょう》

根拠のないことを言って他人の名誉を傷つけること。「**ひどい中傷を受ける**」「**人を中傷する**」などと使う。「中傷」は、もと、物と物との間、あるいは人と人との間を傷つけるという気持のものであろう。

算段《さんだん》

手だてを工夫すること。「**何とか算段をつける**」「**無理算段を強いられる**」「**やりくり算段**」「**旅費を算段する**」などと使う。「算」は、もちろん、はかる意で、「段」は、てだて、やり方の意、もとは、計算することである。

扇動《せんどう》

あおりたてること。「**扇動的な言葉**」「**大衆を扇動する**」と使う。もと「煽動」と書いた。感情に訴えて、大衆を一定の行動に従うようにそそのかし、駆り立てることである。「煽」は、火をあおぎたてて盛んに燃えるようにすることで、常用漢字表に「煽」の字が入っていないので、「扇」で代用することが行われる。

蔓延《まんえん》

広がり、はびこること。「**インフルエンザの蔓延を防ぐ**」などと使う。「蔓」は「つるくさ」のこと。「つるくさ」が延びて行くように広がるのが「蔓延」である。

ないがしろ

物事をあなどってほうっておくこと。**「親をないがしろにして勝手な生活をしている」**などと言う。「ないがしろ」は、「なきがしろ」の音便である。「なき」は、「無し」の連体形、「が」は助詞、「しろ」は材料、代用の意である。人や物があっても、それがないのも同然という気持の表現。

数珠《じゅず》つなぎ

「数珠」には、玉がたくさんつないである。そこで、たくさんいっしょにつないであるのを「数珠つなぎ」と言った。**「事故のため、車が数珠つなぎに並んで止まっている」**。

徒労《とろう》

まったくむだな骨折り。「**今までのことが徒労に帰する**」「**まったくの徒労だった**」などと使う。「徒」は、何もしないこと、役に立たないことの意である。

鉄面皮《てつめんぴ》

あつかましいこと。鉄のように、つらの皮が厚いという意。無恥厚顔なこと。また、少しも気おくれした様子のないことを言うこともある。「**鉄面皮な男**」「**鉄面皮にも金を要求する**」のように、形容動詞として使う。

閉口《へいこう》

すっかり困惑すること。もともと「閉口」は、口をとじて、ものを言わないことであり、すっかり参ってしまって、言葉も出ない状態を表現したものである。「**言い表わす言葉もなく閉口だ**」などと言う。また、しばしば「閉口頓《とん》首《しゅ》」として使う。「頓首」は、頭を地につくように下げてうやうやしく敬礼することである。

❖どんな様子かわかりますか？❖

骨《ほね》抜《ぬ》き

からだの中心である骨を抜き去ることで、かんじんな所を取り去ってしまうこと。「**それでは骨抜きになってしまう**」などと言う。なお、「小骨は抜いても大骨は抜かない」というような言い方も生れてきている。

しびれを切《き》らす

待ちくたびれること。「**しびれを切らしてこちらから出かけた**」のように言う。待っていて、すわった足がしびれてしまうという気持から出た表現である。「しびれが切れる」も同じ意。

がさつ

荒っぽくてぞんざいなこと。性質が粗暴なこと。挙動に落ち着きのないこと。「**がさつな人だ**」「**がさつ者**」などと言う。転じて、音や雰囲気などにも用いられる。「がさつな音を立てる」。語源については、「苛察」（きびしく探る意）からとか、「がさがさ音を立てる」の「がさ」に「つく」の付いたものかなどと言われている。

目《め》から鼻《はな》へ抜《ぬ》ける

抜け目がなくすばしこいこと。非常に頭がよいこと。ただし、悪がしこくずるいというほどの意味はない。「**目から鼻へ抜ける秀才ぶりを発揮する**」など言う。なお、「目から入って鼻へ抜ける」とも言う。

没頭《ぼっとう》

他の事を忘れて熱中すること。**「研究に没頭する毎日だ」**などと、「没頭する」という動詞の形で使うことが多い。「没」は、はまりこむ意で、「没頭」は、元来、あたまをつっこむ意である。

あこぎ

貪欲なこと。**「彼のあこぎな振舞いにはあきれる」「あこぎなことを言うな」**などと使う。「あこぎ」はもと地名で、「阿漕」と書く。今の三重県津市の海浜一帯の地。「あこぎ」は同じことがたびかさなることに用い、さらに転じて際限なくむさぼること、しつこいこと、あつかましいことに用いられた。

造詣《ぞうけい》

知識が深いこと。学問などの奥義をきわめること。「**美術について造詣がある**」、あるいは「**造詣が深い**」などと使う。「造」も「詣」も、いずれも「いたる」というほどの意である。

にべなく

そっけなくという意。「**にべなく断られた**」「**全くにべもない返事だ**」のように使う。「にべ」は、もともと魚の名で、その浮き袋から製した膠《にかわ》(「にべにかわ」と言う)は粘着力が強く、いろいろな方面で利用された。その「にべ」がないという意味で、「にべもなし」「にべなし」という言い方が生まれた。今では「にべなく」という「にべなし」の連用形か、または「にべない返事」のような慣用的な使い方しかしない。

ほくそえむ

喜んでひそかに笑うこと。「**わが事成れりとほくそえむ**」などと言う。漢字では「北叟笑む」と書くが、当て字ではなかろうか。なお、「北叟」は、北辺の老人の意。

はにかむ

恥ずかしがる。人見知りをすること。「**はにかみの表情を見せる**」「**大変なはにかみ屋だ**」などと言う。「はにかむ」は、もと、歯が重なったり、歯が乱れて生えたりすることだが、その歯の生え具合と、恥ずかしがる様子と、どこか似通うところがあるのだろうか。なお、「はにかむ」の語源については、「恥かむ」だという説もあるが、明らかでない。

まめまめしい

非常に忠実であること。「**まめまめしく働く**」などと使う。「まめ」は「忠実」の意だが、そのほか、「まめで暮らす」のように、病気をしないこと、体が丈夫なことを言う。また、「まめに日記をつける」のようにきちょうめんなことも言う。

きさく

気軽で淡白なさま。さっぱりとした性格。「**気さくな性格**」「**気さくなもてなし**」などと言う。「気がさくい」という言い方がある。「さくい」という形容詞は室町時代ごろに現われている。「きさく」という語も、それから生れたものであろう。

殊勝《しゅしょう》

心がけがしっかりしていること。「**殊勝な顔をして話を聞いている**」「**殊勝な心がけだ**」などと、形容動詞として使う。「殊」は、ことにの意で、「殊勝」は、元来、格別にすぐれている意である。転じてけなげなこと、神妙なことを意味し、さらに、もっともらしいという意になった。

やるせない

気持が満たされない。心の中の思いをはらす手段がないこと。「**やるせない思いだ**」「**やるせなくてたまらない**」などと言う。「やる」は「行く」の意、「せ」は川などの瀬のことで、場所、場合、時などの意を表わす。

横着《おうちゃく》

わがままでずるいこと。また、なまけることをも言う。「**横着者**」「**横着をする**」などと言うが、また「**横着なことを言う**」「**横着なやつだ**」などと形容動詞としても使う。「横」は、勝手気ままにすること、ほしいままなこと。「着」は、おちついていること。

胡散《うさん》くさい

何となくあやしいこと。「**どうも胡散くさい話だ**」などと使う。「胡散な」と形容動詞として使う場合もある。「胡散」の「胡」は「胡乱《うろん》」などと使われるのと同じもので、とりとめのないことの意である。

はしたない

つつしみがないこと。「**はしたない行為**」などと言う。また、心が至らない意にも使う。「はしたない」は、もとは中途半端の意であって、意味は「はした」と同じであり、「ない」は強める意の接尾語である。

ふつつか

行きとどかないこと。才能がなくて充分ではないこと。「**ふつつかな者ですが、よろしくお願いします**」などと言う。「ふつつか」は、もと、太くて不細工なことを意味したが、ふらち、ふとどきの意にも使った。漢字では「不束」と書くことが多いが、「不」に「つつか」がついたのではない。「ふとつか（太束）」の転かという語源説がある。

性急《せいきゅう》

落ち着きがなく、気が短いさま。「**まったく性急な男だ**」「**性急に結論を出す**」などと使う。もと、「性、急なり」「性、緩なり」という言い方があって、それから「性急」という言葉が生れたものである。

たぎる

わき上がること。「**たぎる血潮**」「**情熱をたぎらせる**」などと使う。「たぎる」は、もと、「湯がたぎる」「たぎった湯」と使うもので、ぐらぐらと煮え立つこと。「煮えたぎる」とも言う。また、古くは、水勢で水がわきかえることをも言い、「たぎつ」と同源の語と言う。

寸断《すんだん》

ずたずたに切ること。「**線路は寸断されて、復旧は遅れる見込みだ**」などと使う。「寸」は長さの単位。「尺」の十分の一（約三・〇三センチ）。したがって、短いこと、こまかいこと、僅《わず》かなことを示すのに使う。

凡庸《ぼんよう》

特別すぐれた所のないこと。「**凡庸の人**」「**至って凡庸だ**」などと使う。なお、「凡」も「庸」も、共に「つね」「普通」の意である。

月並《つきなみ》

ありきたりのこと。「**その趣向は月並過ぎる**」「**月並の俳句**」などと使う。「月並」はもと、「毎月」「月例」の意味で、転じて平凡で陳腐な、ありきたりのことを言うようになった。なお、「月並俳句」と言いだしたのは正岡子規で、伝統的な旧派の俳句をこう呼んで批判を加えた。

無骨《ぶこつ》

無作法、失礼なこと。また、風流などを解さないことにも使う。「**無骨きわまる男**」「**はなはだ無骨な人間です**」などと使う。もと無作法の意を表わす「こちなし（無骨）」を音読したものと言われる。

つれない

薄情である。無情であること。「**つれない仕打ち**」「**つれなく当る**」などと言う。「つれなく通り過ぎる」という場合は、「そ知らぬ顔で」「平気に」というほどの意である。語源については、「連れ無し」であると言う（『岩波古語辞典』）。他にも諸説がある。

奔放《ほんぽう》

世間のきまりなどに束縛されないで、心のおもむくままにふるまうこと。「**奔放にふるまう**」「**自由奔放**」などと使う。「奔」は、勢いよく急いで走る意、「放」は、他にとらわれないで気ままにする意である。

やんごとなし

おそれ多い。身分が高いこと。「**やんごとなき身分**」「**やんごとなききはにはあらぬが**」（『源氏物語』）などと使う。もと「やむことなし」で、捨てておかれない、よんどころないの意から、ひととおりでない、特別であるの意に転じ、非常に尊い、身分が高いの意が生れた。

精彩《せいさい》

生き生きとした表情、姿。「**動きに精彩がある**」「**精彩を欠く**」などと使う。「精」は、人の生命の根本の力、「彩」は、いろどりの意で、もとは、輝くような光、美しいいろどりの意である。なお、「生彩」と書いたものも同じ意。

健啖《けんたん》

よく食べること。「**年はとっているが、なかなかの健啖ぶりを示した**」とか、あるいは、「**彼は健啖家だ**」などと使う。「啖」は食う意。「健」は「すこやか」の意であるが、「過度」の意にも使われる。

第2章 由来を知ると頭にしっかり残る

教養の日本語

知らないと恥をかく言葉クイズ？

【問題】①～④のうち、正しいと思う答えを1つ選んでください

正解はP140～P143

⑴ ひたむき

①てきぱき処置すること
②きまじめでがんこなこと
③ひどくむこう見ずなこと
④一つ事に熱中すること

⑵ あわよくば

①なんとかして
②うまくゆけば
③運が悪いことに
④万一の場合は

(3) 図星《ずぼし》

①見込んだところ
②苦しいところ
③言えないところ
④知らないところ

(4) 棚《たな》に上《あ》げる

①いいかげんにごまかす
②捨てておいて言及しない
③すっかり忘れ去る
④しまいなくしてしまう

(5) 水《みず》かけ論《ろん》

①熱のこもらない議論
②理屈にならない議論
③子供だましの議論
④なかなか決着のつかない議論

⑹ 言《い》わずもがな

①言いわけはしないこと
②言うのはつらいこと
③言わずにはいられないこと
④言わないほうがよいこと

⑺ ぶしつけ

①きたないこと
②まぬけなこと
③無考えなこと
④無作法なこと

⑻ くまなく

①洗いざらい
②休む間もなく
③すみずみまで
④終わることなく

⑼ 中座《ちゅうざ》

①会の途中でぬけ出すこと
②会の途中から出席すること
③出たり入ったりすること
④大勢輪になってすわること

⑽ 割愛《かつあい》

①惜しみながら思い切ること
②あっさりとあきらめること
③かわいく思わなくなること
④むりやりに仲をさくこと

【解答】

(1)ひたむき　④一つ事に熱中すること。

「**ひたむきな態度**」「**ひたむきに進む**」などと形容動詞として使う。「むき」は、「向く」の連用形。「ひた」は、「ひたおし」「ひたすら」「ひたぶる」などの「ひた」とおなじもので、直接、早速などの意を表わす。

(2)あわよくば　②うまくゆけば。

「あわよし」に助詞「ば」のついたもの。「**あわよくば大もうけをしようという下心だ**」などと使う。「あわよし」は「あわい（＝間《あはひ》）よし」から転じたものかと言う。

(3)図星　①見込んだところ。

思うつぼ。急所。「**図星をさす**」「**それは図星だ**」のように使う。もともと、矢を射る的《まと》の中心の黒点のことである。

⑷棚に上げる　②捨てておいて言及しない。

わざとそのことについて知らん顔をして問題にしないこと。「**自分のことは棚に上げておいて人の悪口を言う**」などと使う。「棚上げにする」という言い方もある。もともと、品物を棚に上げておいてそのままにしておくことから出たもの。

⑸水かけ論　④なかなか決着のつかない議論。

もと、田の水かけの争論から出たもので、双方が自分勝手の立場から互いに理屈を言い張って、はてしなく争うこと。「**水かけ論をしていてもしようがない**」などと言う。「水かけ」は、水を引く意で、わが田に水を引こうと争うことである。

⑹言わずもがな　④言わないほうがよいこと。

「がな」は願望を表わす助詞。「なくもがな」の「がな」も同様である。「**そんなことは言わずもがなだ**」などと使う。

なお、「言わずもがな」は、「言うに及ばない」「もちろん」の意にも使われる。「**味は言わずもがな、値段も手ごろだ**」などと言う。

⑺ぶしつけ　④無作法なこと。

「ぶ」は打ち消しを表わす言葉で、しつけに従っていないことである。「**ぶしつけなふるまい**」「**ぶしつけに尋ねる**」などと、形容動詞として使うことが多い。また、「**ぶしつけながら参上しました**」などと言う。

⑻くまなく　③すみずみまで。

あます所なく。「**くまなく探す**」などと使う。形容詞「くまなし」の連用形。「くま」は、もののすみの意。

⑼中座　①会の途中でぬけ出すこと。

「会の途中の中座は失礼だ」などとも言うが、**「よんどころない用事で中座した」**などと「中座する」という動詞で使うことが多い。「中座」というのは、終りまでいないという意からであろうか。

⑽割愛　①惜しみながら思い切ること。

惜しいと思う心をまげて手ばなすこと。**「残念ながら詳しい説明は割愛する」**などと言う。「割」は、きりさく、わける、譲与するの意。「愛」は、惜しむ意。

適切に使えるかどうかが問われる言葉クイズ

【問題】①〜④のうち、正しいと思う答えを1つ選んでください

正解はP148〜P151

(1) 懇《こん》意《い》

①何事も熱心にすること
②ひどく手なれていること
③大変親しくしていること
④心中に思っていること

(2) 踏《とう》襲《しゅう》

①人まねばかりすること
②その通りに受けつぐこと
③ただありがたがること
④踏み固めて行くこと

(3) 刷新《さっしん》

①全く新しくすること
②新鮮味のあること
③物を取り替えること
④顔ぶれが変ること

(4) 善後策《ぜんごさく》

①あと始末をつけるための手段
②とりあえず大いそぎでする手当て
③最善の方法につぐ二番目の方法
④前の事と後の事とをつなぐ方法

(5) 逐一《ちくいち》

①次第次第に
②少しもまごつかずに
③いちいち詳しく
④一所懸命

⑹ 得心《とくしん》

①なっとくすること
②金をもうけること
③自分で考えること
④人に同調すること

⑺ 杞憂《きゆう》

①強い心配
②他人の心配
③無用の心配
④親たちの心配

⑻ おかぶ

①その人の得意とするもの
②その人の占めている地位
③その人の持っている財産
④その人の持っている知識

⑼ 如才《じょさい》ない

①おしゃべりだ
②口やかましい
③抜け目がない
④にえきらない

⑽ 反故《ほご》にする

①元のとおりにする
②途中で廃止する
③ないものとする
④取りあおうとしない

【解答】

⑴懇意　③大変親しくしていること。

「**懇意な間柄だ**」「**懇意になる**」などと使う。「懇」は、互いに心がうちとけて親しむことで、「懇意」は、その親しむ気持、親切な心の意である。

⑵踏襲　②その通りに受けつぐこと。

前人のしたことをそのまま受けつぐこと。「踏襲する」と動詞としても使う。「**方針を踏襲する**」などと使う。「踏」は、ふむ意。「襲」は、後を受けつぐの意。

⑶刷新　①全く新しくすること。

「刷」は、こすってきれいにすること。弊害を除いて事態を新しくすることに使う。「**政治の刷新**」などと言う。

(4)善後策　①あと始末をつけるための手段。
うまくあと始末をつける方策。「**善後策を講ずる**」などと言う。「善後」は、あとをよくする意。

(5)逐一　③いちいち詳しく。
何から何までみんな。「**逐一報告する**」のように、副詞として使う。「逐」は、追う意で、「逐一」は、一つ一つ順を追うことの意である。

(6)得心　①なっとくすること。
充分承知すること。「**得心がいく**」「**得心ずくで**」とも使い、また「得心する」と動詞としても使う。「**何と説明しても得心しない**」などと使う。

(7)杞憂　③無用の心配。
とりこし苦労。「**杞憂を抱く**」「**単なる杞憂に過ぎない**」などと言う。「列子」に、杞の国（中国・河南省にあった）の人が、天がくずれ落ちるのではないかと心配して食事もしなかったということが書いてある。「杞憂」は、この「杞の憂」からでた言葉である。

⑻おかぶ　①その人の得意とするもの。

江戸時代に、特定の仲間だけで独占した権利を「株」と言い、また広く職業上や営業上の特権、専売権を「株」と称した。今でも相撲の社会には「年寄《としより》の株」がある。「**おかぶをうばう**」あるいは「**おかぶが始まった**」などと使われる「おかぶ」は、もと、この独占するもの、あるいは特権というような意味から一転して、その得意とするものの意が生れたものであろう。

⑼如才ない　③抜け目がない。

「**如才なく立ち回る**」などと言う。「如才」は、手落ち、疎略の意であって、「如才ない」は転じて「あいそがよい」の意にも使う。「**如才ない商人**」などと使う。もと「如在」とも書いた。「如在」は元来、「いますがごとし」の意。神などが眼前にいるかのように、つつしみかしこむことの意を表わすものだが、これとは、あまりにも意味が違っているから、関係があるとは言いにくい。

⑽反故にする　③ないものとする。

むだにする。役に立たないものとすること。「**約束を反故にする**」などと言う。なお、「**反故にはしない**」「**反故にはならない**」とも言う。「反故」は「反古」とも書く。ホグ、ホウグ、ホウゴとも言う。ホンコとも言ったらしい。書き損じて不用となった紙のことで、反故紙《がみ》とも言う。「反故」の「故」は、古い意で、もと、一度使った古い紙を裏返す意であると言う。

知ると面白い「人」を表わす言葉クイズ?

【問題】①～④のうち、正しいと思う答えを1つ選んでください

正解はP156～P159

(1) 昼行灯《ひるあんどん》

①あわて者
②ぼんやりした人
③無知の者
④いたずら者

(2) 露払《つゆはらい》

①けがれを清める人
②部屋の掃除をする人
③部下に指図をする人
④先頭に立って導く人

(3) 朴念仁《ぼくねんじん》

①そそっかしい人
②もののわからない人
③すれていない人
④どっしりした人

(4) 領袖《りょうしゅう》

①ある政党に属する人
②政治家として有名な人
③人のかしらに立つ人
④陰にあってあやつる人

(5) やじ馬《うま》

①人の言動を妨げる人
②人をからかって喜ぶ人
③静かに見物している人
④わいわい騒ぎまわる人

(6) 木訥《ぼくとつ》

①ひどく気のきかないこと
②弱々しく内気なこと
③無骨で飾り気のないこと
④いかにも好人物であること

(7) 白眉《はくび》

①景色がきわめてよい所
②容姿がこの上なくよい人
③最も傑出しているもの
④この上なく徳の高い僧

(8) 莫逆《ばくぎゃく》

①極めて仲のよい関係
②極めて仲の悪い関係
③子供のときからの関係
④主君にさからう臣下

⑼腰巾着《こしぎんちゃく》

①なにかと口を出してくる人
②大金を身につけている人
③親に甘えている子ども
④常にそばにいて離れない人

⑽太鼓持《たいこもち》

①人のうわさをしたがる者
②人の機嫌とりをする者
③人の言いなりになる者
④やたらにほらを吹く者

【解答】

⑴昼行灯　②ぼんやりした人。

明るい昼間に行灯をともしても、うすぼんやりとしているところから。行灯をアンドンと読むのは唐音《とういん》である。赤穂《あこう》藩の家老大石良雄（内蔵助）は昼行灯と呼ばれたと言われる。

⑵露払　④先頭に立って導く人。

「**私が露払をしますよ**」などと言う。先頭に立って野道などを行く場合には、草の露を払い落しながら進むからであろう。相撲で、横綱の土俵入りの時、先に立って土俵に上がる力士を「露払」と言う。

また、転じて、遊芸で最初に演ずること、あるいは、ある物事に先立っていることを「つゆはらい」とも称する。

(3)朴念仁　②もののわからない人。

わからず屋。「**あいつはよっぽどの朴念仁だ**」などと言う。もと、ぶあいそで無口の人。「撲念仁」と書いた例もある。江戸時代からの語。語源は明らかでない。

(4)領袖　③人のかしらに立つ人。

「**政党の領袖**」「**派閥の領袖**」などと使われている。「領」は着物の「えり」のこと、「袖」は「そで」のことで、着物の中で「えり」と「そで」とは目立つ部分だからと言われる。

(5)やじ馬　④わいわい騒ぎまわる人。

自分には関係のない事でわいわい騒ぎまわる人のこと。「**火事場にやじ馬がたかる**」「**別に深い理由があって出てきたのではない。ただのやじ馬さ**」などと使う。

(6)木訥　③無骨で飾り気のないこと。飾り気がなく話下手なこと。「**木訥な人物**」「**木訥に語る**」などと言う。「朴訥」とも書く。「木」も「朴」も、質朴の意、「訥」は口の重いことである。

(7)白眉　③最も傑出しているもの。「白眉」はもともと白いまゆのこと。蜀《しょく》の馬良兄弟は、五人共に才名があったが、その中でも長兄の馬良は最もすぐれていた。その馬良のまゆの中に白い毛が混じっていたので、世人が馬良を白眉と呼んだという故事から出たものである。「蜀志」に出ている。もとは、人について言ったものだが、後には人に限らず物についても使うようになった。

(8)莫逆　①極めて仲のよい関係。「逆らふこと莫《な》し」の意で、互いに心にさからうことがなく意気が投合すること。極めて親しいことを言う。「**莫逆の友**」「**莫逆のまじわり**」などと使う。

バクゲキとも発音したようである。

(9)腰巾着　④常にそばにいて離れない人。

もと、腰につける「巾着」（金などを入れる小さな袋）のこと。「**社長の腰巾着**」などと使う。

(10)太鼓持　②人の機嫌とりをする者。

もと、遊客の機嫌をとり、酒興を助けるのを業とする男。すなわち、「幇間《ほうかん》」のことである。「太鼓持」の語源については諸説あるが、「**太鼓たたき**」「**太鼓打ち**」とも言われたように、太鼓はたたいて音を出すものであるから、うまく調子を合わせて、相手の機嫌をとる意に転じたものであろうか。

❖日常でよく使われる「生活」に由来する言葉❖

むしかえす

物事を再び問題にすること。同じことを再びくりかえす。「**審議ずみのことをまたむしかえす**」などと使う。元来は、一度湯気で蒸《む》したものを、もう一度蒸すことである。「むしかえし」と名詞形でも使う。「**問題のむしかえしだ**」などと言う。

ごまをする

他人におもねって自分の利益を計ること。「**社長にごまをする**」などと使う。

また「ごますり」という名詞形も使われる。「**あいつはごますりだ**」などと使う。

なお、「ごま」は食用にする「胡麻」のことで、それをすりつぶすことである。

つじつまがあう

「つじつまがあう」は、合うべきものがきちんと合うの意。すじみちが通ること。「**話のつじつまがあわない**」などと使う。元来は裁縫用語で、「つじ」は縫目が十文字になったところ。「つま」は着物の褄《つま》のこと。

折目正《おりめただ》しい

きちんとしていること。「**折目正しくあいさつする**」などと使う。「折目」は、着物を折りたたんだ境目で、その折目がきちんとしているのが「折目正しい」。そこから行儀作法や立ち振る舞いがしっかりしている意が生れた。

おすそわけ

もらい物を他に分けること。「すそ」は着物の裾《すそ》のこと。**「隣の家におすそわけをする」「おすそわけにあずかる」**などと使う。

お仕着《しき》せ

他からあてがわれたもの。もと、奉公人に対して、盆《ぼん》や暮《くれ》に着物を与えたこと。また、その着物を言う。動詞「仕着せる」の連用形「仕着せ」に、敬語の接頭語「お」の付いたものである。古川柳に「**いただいてしきせのふそく舌を出し**」と言うのがある。「お仕着せ」は、自分の好むものを買うのではなくて、主人が適当に見つくろってくれるものだから、比喩《ひゆ》的に「**何事もお仕着せだからおもしろくない**」などと使う。

一張羅《いっちょうら》

一枚しか持っていない晴着。「**一張羅を汚してしまった**」などと言う。「羅」は薄絹のことであるから、一枚の薄絹の意であろうか。「一帳羅」とも書いた。

ひとはだぬぐ

助力すること。昔、何か仕事をするのに「肌ぬぎ」になったからであろう。「**わかりました。それじゃひとはだぬぎましょう**」などと使う。

左前《ひだりまえ》

左前は、元来、着物の着方を反対にすることであるが、普通とは違うという意味で、物事が思うようにならないこと、運の悪くなること、手もとが苦しくなることなどを言うようになったのであろう。「**あそこの家もとうとう左前になってしまった**」などと使う。

着服《ちゃくふく》する

金品をひそかに自分のものにすること。「**公金を着服する**」などと使う。本来、「着服」は着物をからだにつけることである。

だて

外見を飾ること。「**だての薄着**」は、寒くても着物をごたごたと着込まず、すらりとした外見を人に見せようとするもの。「**だて眼鏡**」は目が悪くなくて眼鏡を必要としないのに、外見を飾る気持ちで、度のない、素通しの眼鏡をかけることである。

「だて」は多く「伊達」と書かれる。語源的に、伊達家と何らかの関係があるのかもしれないが、恐らくは単なるあて字であろう。

接尾語「賢人だて」「賢《かしこ》だて」のようなものから出たと言われる。

手《て》塩《しお》にかける

みずから骨を折って育て上げること。「**長年、手塩にかけて育てた会社と別れを告げる**」などと使う。「手塩」は、もと、食べる人が自由に取れるように、膳《ぜん》に添えた塩のことである。塩を盛る小皿を手塩皿と言い、「おてしょ」という語を生んだ。

お膳立《ぜんだ》て

行事などの準備をきちんと整えること。もと、膳の上に食器や料理をとりそろえて、食べられるように準備することが「お膳立て」である。そこから転じて、一般に、準備、用意の意になった。「**交渉のお膳立てはできている**」などと言う。

膾炙《かいしゃ》する

広く知られること。「**この俳句は人口に膾炙している**」などと使う。「膾」は「なます」のこと、「炙」は「あぶり肉」のこと。「なます」や「あぶり肉」は万人に知れ渡っているという気持の表現である。

ぬか喜《よろこ》び

予想がはずれて、喜んだかいもないこと。「ぬか」は米のぬかのことであるが、「ぬか雨」などのように「少し」の意に使われる。古くは「こぬか喜び」とも言った。「**ぬか喜びをさせられた**」などと使う。

あくが強《つよ》い

きつい性格のこと。「**あくの強い文章**」などと使う。「あく」は、灰を水に浸して取ったうわ水、または、植物中に含まれている渋みのこと。「**ほうれん草にはあくがある**」などと言う。灰自身のことを「あく」と言う地方もある。

おはちがまわる

順番がくること。「おはち」は、飯を入れておく木製の器具、すなわち、めしびつのことで、それが自分の所へまわってくる意から、**「彼に社長のおはちがまわった」**のような使い方をする。

割烹《かっぽう》

「割」は「裂く」こと、「烹」は「煮る」こと。肉を裂いたり煮たりすることで、転じて食物を調理する意になった。料理店は「割烹店」とも言われる。

みそをつける

しくじること。**「新しく始めた計画でみそをつけてしまった」**などと言う。

失敗して面目を失うことである。「みそ」はもちろん調味料の「味噌」のことであるが、その味噌をつけることがどうして失敗する意になるのか、よくわからない。

うだつがあがらない

思うようにならないこと。出世ができないこと。「**こんなことをしていたのでは、とてもうだつがあがらない**」などと使う。「うだつ」（また、「うだち」とも言う）は、うつばり（梁）の上に立てて棟木《むなぎ》を支える短い柱、すなわち、つかのこと。この「うだつ」がうつばりの上にあがらなければ、棟木をすえることができず、結局、家ができ上がらない。こういう意味から出た表現である。ただし、「うだつが棟木に頭を押さえられているように」とする説もある。隣との間の卯《う》の字形の防火壁を「うだつ」という。この場合は「卯建」と書く。これも富裕な家だけに見られるので、「卯建があがらない」で、立身出世ができない意を表わしたのだという説もある。

束《つか》の間《ま》

ちょっとの間のこと。「つか」はもと、四本の指で握った場合の長さ。古代において、物の長さを測る基準とされた。「**つかの間の休息**」「**喜びもつかの間**」と使われる。

瓦《が》解《かい》

全部がらがらとくずれること。「**一家の瓦解を防ぐことができなかった**」などと使う。また、「瓦解する」と動詞としても使う。「**会社は今や瓦解しようとしている**」。「解」は、ばらばらになる意で、「瓦解」は、もと、かわらが砕けやすいように、物事がくずれ去ることである。

たしなむ

好んである事に打ち込むこと。「**和歌をたしなむ**」などと言う。ただし、「酒をたしなむ」になると酒を好んで飲む意。「たしなむ」の連用形「たしなみ」は名詞として用いられる。「**芸のたしなみがある**」。

「たしなむ」には、常に心がける、つつしむ、遠慮する等の意もある。

お茶《ちゃ》の子《こ》

容易にできること。「**そんなことはお茶の子さ**」などと使う。元来「お茶の子」はお茶うけの菓子、または朝飯や簡単な食事のこと。転じて容易にできることを言うようになった。「お茶の子さいさい」とも。

引出物《ひきでもの》

人への贈り物。ことに、もてなしの時にお膳に添えて出すみやげの品。「**祝賀会の引出物は何にしたらよかろうか**」などと言う。

なお「引物《ひきもの》」とも言う。もと、饗宴《きょうえん》の時に、主人から来客への贈り物として馬を庭に引き出して贈ったので、「引出物」「引物」という語が起った。

転嫁《てんか》

他人になすりつけること。「**責任を他に転嫁する**」などと使う。「嫁」は、嫁入りすることであり、「転」は、方向を変えて移る意にも使い、「転嫁」は、もともと、ふたたび嫁入りすること。再婚の意。

おそまき

時期に遅れて事をすること。「**おそまきながら実行に踏み切った**」などと使う。もと、「おそまき」は、種を時節に遅れてまくことである。「おそまきの西瓜《すいか》」「おそまきの唐辛子」という言葉もある。

いでたち

よそおい。身なり。「**いでたちをととのえる**」などと言う。もともと、「出で立ち」で、旅に出て行くことである。旅に出かける時は身じたくをする必要があることから、身なり、よそおいの意が生れたのであろう。

思《おも》うつぼ

予期した通りの結果のことで、「**それはこちらの思うつぼだ**」などと使う。自分の計画やたくらみの通りになること。この場合の「つぼ」は、賭博《とばく》で采《さい》を入れて振る道具のことで、「思うつぼ」は元来、賭博の言葉であった。

はなむけ

旅立つ人への贈り物。餞別《せんべつ》のこと。もと「馬の鼻向け」で、旅立つ人の馬の鼻を、行くべきほうへ向けて、安全を祈った習慣による。

❖誤った使い方をすると赤っ恥！「仕事・商売」の言葉❖

けたちがい

へだたりの大きいこと。「**規模がけたちがいに大きい**」などと使う。また、「けたがちがう」と動詞的に表現する言い方もある。「**あれとこれとではまるでけたがちがっている**」などと言う。元来は算盤《そろばん》用語。算盤は、けたの取り方で大変な違いが起るところから出た表現である。

うってつけ

ちょうど適していること。釘などで打ち付けたようにぴったりしているという意からであろう。「**その仕事は彼にうってつけだ**」などと使う。「打って付ける」の連用形の名詞法であろう。

皮切《かわき》り

物事のしはじめのこと。「**皮切りに私から話を始めよう**」「**……を皮切りとして行事が行われる**」などと使う。「皮切り」は元来、治療のためにすえる最初の灸《きゅう》、または、最初の鍼《はり》のこと。

たががゆるむ

年をとって鈍くなること。「**彼も大分たががゆるんできたようだ**」などと使う。

もと、桶《おけ》を締《し》めている竹の「たが」がしっかりとしなくなることである。また、緊張がゆるんでしまりがなくなるような場合に使う。

片棒《かたぼう》をかつぐ

仕事に協力すること。駕籠《かご》は、先棒と後棒と二人でかつぐ。二人いなければかつげない。二人のうちのどちらか一方が、すなわち「片棒」である。

片棒をかつぐゆふべの鰒《ふぐ》仲間（古川柳）

「**あいつの片棒をかついだのが大失敗だった**」などと言う。

裏書《うらがき》する

保証すること。書画の軸物の裏などに、それがほんものであるという証明の言葉が書かれた。そのことから転じて、証明するとか保証するとかの意味に「裏書する」が用いられるようになった。

たらいまわし

次から次へと順々にまわすこと。順送りに移すこと。「**政権のたらいまわし**をはかる」などと使う。なお、以前には、警察で検束者をいくつかの警察へ順々にまわして拘留を続けることを「たらいまわし」と称した。もと、曲芸の一種で、足でたらいを回すもの。なお、「たらい」は「てあらい(手洗)」から変化した語である。

焼《や》きがまわる

衰えて鈍くなること。刀などを焼くのに、火加減が行き渡り過ぎて、かえって切れ味が悪くなることから。「**彼はこのごろ大分焼きがまわってきた**」「**年をとって焼きがまわる**」などと使う。

そりが合《あ》わぬ

気心が合わないこと。「**兄とそりが合わぬ**」などと言うが「そり」は「そる」の連用形で、刀身の曲り工合のことである。その刀身の曲り工合と「さや」の曲り工合がうまく合わないと、刀身をさやにおさめることができないところから出た表現。「**そりが合う人間ではない**」という言い方も。

付《つ》け焼刃《やきば》

にわか仕込み。急場の間に合わせ。一時のがれのための装いのこと。「**すっかり付け焼刃がはがれた**」などと使う。もと、鈍刀に、鋼の焼刃だけを付け足したもの。ツケヤイバとも発音する。

焼《や》きを入《い》れる

しゃんとさせること。「**だらしないから焼きを入れてやった**」などと使う。もと、刃物を作る場合、その切れ味をよくするため、火中で熱した上に徐々に水で冷やして刃を堅くすることである。「焼きがまわる」も、刃物を作る場合のことだが、火が行き渡りすぎて、かえって切れ味が悪くなること。転じて、鈍くなることを意味する。

のるかそるか

成功するか失敗するかいちかばちか。運を天に任せて思い切ってやること。「**のるかそるかの瀬戸際だ**」などと使う。「のる」は、のびること、「そる」はうしろへ曲ること。「のる」「そる」は、刀について言う場合が多い。「のるかそるか」は、刀の場合からきた表現か。

ひとしお

ひときわ。いっそう。「**暑さがひとしお増す**」「**喜びもひとしおだ**」などと使う。もと、「ひとしお」は、染め物を一回染め汁にひたすことである。「一入」と書くことが多い。歴史的仮名遣では「ひとしほ」である。「しほ」は、古く、「八《や》しほ」「百《もも》しほ」のように、酒を造る時に酒を醸《か》む程度や、染め物を染料にひたす回数を数えるのに使う。

さげすむ

見くだすこと。「**さげすんだ目つきをする**」などと使う。「下げし見」からという説があるが、大工が柱などの曲がりを測るために、墨縄《すみなわ》を垂直に下げて見定めることを「下墨《さげすみ》」と言う。その「下墨」から転じたものという説もある。

落慶《らっけい》

工事の完成した喜び。ことに、神社や仏殿の工事が完了した時に行われるものを言う。「**落慶式**」「**落慶供養**」などと使う。「落」は、「落成」などと言うように、新たにできる意であり、「慶」は「慶事」「慶祝」などの「慶」で、喜びの意である。

普請《ふしん》

建築。禅宗の渡来と共に入ってきた語。「普」は、ひろく、あまねくの意、「請」は、請うこと。ひろく大衆に請うて寺院の労役に従事してもらうことである。初めは寺院の建築工事を意味したが、後には、普通の建築をも「普請《ふしん》」と言い、「**この家はいい普請だ**」などと使う。建築現場、工事現場を「普《ふ》請場《しんば》」と言う。

陶治《とうや》

ねって作り上げること。「**人格の陶冶をはかる**」などと使う。元来「陶」は、せとものを焼くことであり、「冶」は、金属を鋳《い》ることであって、そのようにして性質や才能などを完全なものに作り上げることである。

つぶしがきく

ほかの方面にも使いみちがあること。ある地位から離れても、他の仕事につくことができること。「**定年でやめてもつぶしがきくからいい**」「**偏屈な男で、つぶしがきかないから困る**」などと使う。もと、金・銀・銅のような金属製品は、溶かして地金にして、再び他のものを作るのに使えるからである。

山《やま》が当《あた》る

万一をねらってそうなること。「**試験の山が当った**」などと使う。山は元来、鉱山のことで、むやみやたらに探して、さぐり当てたことが「山が当る」であり、転じて、万一の僥倖《ぎょうこう》をたのんだ投機がうまくいったという意味に使われた。さらに転じて、万一の僥倖をたのむことを「**山をかける**」と言う。「**試験の山をかける**」などと使う。

❖かなり気になる！「色」の入った言葉の意味❖

赤《あか》の他人《たにん》

全然自分に縁のない人のこと。「あか（赤）」は、「あかはだか」「あか恥」「あかっぺた」のように、「まるまる」「まるっきり」「全く」といった意味で使うことがある。

赤字《あかじ》

欠損の生じたこと。帳簿につける場合、不足の額は赤インキで記すところから、支出超過や欠損の生じたことを言う。「**金がかかって毎月赤字続きさ**」など使う。「赤字」の反対は「黒字」。

紅一点《こういってん》

王安石の柘榴《ざくろ》をよむ詩の中の「**万緑叢中紅一点**《ばんりょくそうちゅうこう》」という句から出た言葉。青葉の中に一輪の紅い花が咲いているということから転じて、男の中にただひとり女が混じっていることを言うのに使ったもの。ふざけて、女の中のただひとりの男を「黒一点」などと言うことがある。

朱《しゅ》を入《い》れる

もとの文章に朱筆で書き入れや直しをすることが「朱を入れる」で、転じて、朱筆を使わないでも、広く訂正加筆することの意味に用いるようになった。

青史《せいし》

歴史のこと。紙のなかった時代、記録などのために青竹に字を書いたので、この語が起った。「**青史に名を残す**」などと言う。

青雲《せいうん》の志《こころざし》

功名心にもえること。青雲は空高くかかる雲のこと。また、あおぞらのこと。そういう高い所に至ろうとする志。「**青雲の志をいだいて郷関《きょうかん》を出《い》づ**」「**ついに青雲の志を果すことができなかった**」などと言う。

出藍《しゅつらん》

元の物よりもまさること。荀子《じゅんし》の「**青は藍《あい》より出《い》でて藍より青し**」から出た言葉。多くの弟子が師よりもまさることを言うのに使われる。「**出藍のほまれがある**」などと言う。

黄白《こうはく》

金銭。「**黄白を贈る**」「**黄白をまき散らす**」などと使うが、もと「黄白」は「黄金白銀」の省略である。なお、昔、中国で道士が錬金術で黄金や白銀を作り出すことを「黄白の術」と称した。

黒幕《くろまく》

表面には出ないで、裏からいろいろと画策したり指図したりする人のこと。「**彼は政界の黒幕だ**」「**あの仕事の黒幕は一体だれだ**」などと使う。もとは芝居用語で、舞台で、場面のかわり目などに使う黒色の幕のこと。暗転幕。

黒木《くろき》

皮を削り取らない丸太のこと。また、木をある長さに切り、かまどで蒸して黒くして薪《たきぎ》としたものをも黒木という。京都の大原女《おはらめ》の黒木売りは有名だが、この黒木は後者である。古川柳の、**黒木売りまけぬあたまを重くふり**は、大原女が値段をまけろと言われて断るのに、頭に黒木をのせているのでいやいやも軽くはできないという意。

色眼鏡《いろめがね》

とらわれた観察のこと。色が付いたレンズが「色眼鏡」。その色眼鏡で見れば外界がその色で見えると言うこと。「**物事を色眼鏡で見る**」は、物事を初めから偏見を持って観察すること。

❖知ってるようで知らない「数字」が入った言葉❖

一刻者《いっこくもの》

がんこで片意地な人。「**一刻者で閉口する**」。また「**一刻な性質**」とも使う。なお、「一刻者」は「一国者」と書くことがあり、「一剋者」としたものもある。

「一刻」は、現在の約三十分であるから、わずかな時間の意に使われ、それから性急な意が生じて、結局、がんこで片意地の意になったものか。それとも「一国一城の主」という気持から出たものか。

一服《いっぷく》

ひと休みすること。もと、たばこやお茶、または薬などを飲むこと。ことに、「ここで一服するか」などと、たばこを飲んだことから転じて、ひと休みする意が生れた。「**仕事は一服にしよう**」とか「**一服してから始めよう**」などと言う。

なお、「一服盛る」は、人を殺すために毒薬を調合すること、または、飲ませて殺すこと。

二枚舌《にまいじた》

一つ事を二様に言うこと。特に、前後矛盾したことを言ったりするときに使う。「**二枚舌を使う**」などと言う。

青二才《あおにさい》

年若く経験の乏しい人のこと。「**乳くさい青二才**」とか、あるいは「**青二才に何がわかるか**」のように、人をののしるような場合に使う。「青」は「青くさい」などの「青」であろう。「二才」は、魚の「ぼら」などの二才子《にさいこ》、すなわちまだ幼いものをいうと言われるが、あるいは馬の二才子からきたのかも知れない。

三昧《さんまい》

一心に物事をすること。「**読書三昧**」などと言う。また「**ぜいたく三昧の生活**」のように、心のままに、したい放題にふるまうことの意にも使う。「三昧」はもと、梵語samādhiの発音を、漢字の音に写したものである。「三摩地」「三摩提」とも書かれた。意味としては、「正定《しょうじょう》」「等持《とうじ》」という訳語が与えられた。この仏教語が一般語化したものである。

八方美人《はっぽうびじん》

だれにもあいそのよい人の意で、四方八方に対して如才なく立ちまわる人のことである。ほめて言うよりも、いくらか、けなす気持で使う場合が多い。**「八方美人でいたのでは、何も仕事はできやしない」「彼は八方美人だから困る」**などと使う。

九十九折《つづらおり》

くねくね曲った坂道。「九十九」は非常に多い数を表わすのに使われる。つづらは「葛《くず》」の異名で、葛の蔓《つる》が折れ曲っているように、くねくねと曲っている山道を「つづらおり」と言い、これに「九十九折」の字をあてた。

❖知っているとエレガント！「自然・天気・気候」の言葉❖

ぼたん雪《ゆき》

大片でぼたぼたした雪。植物の牡丹の花を連想して名付けられたものであろう。「ぼた雪」とも言う。

過ぎゆきし指や瞼《まぶた》や牡丹雪　楸邨《しゅうそん》

地雨《じあめ》

ある強さで連続的に降る雨。「驟雨《しゅうう》」に対する言葉。驟雨は、降雨の強さが時間的に強くなったり弱くなったりする雨のこと。

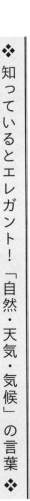

ぬか雨《あめ》

細かい雨。また「こぬか雨」とも言う。霧雨のことである。「ぬか」「こぬか」は玄米を精白する時、その果皮が粉となって出たもの。「糠」「小糠」と書く。ごく細かいものを表わすのに、この言葉を利用することが多い。「ぬか雨」「こぬか雨」の「ぬか」「こぬか」もその意味である。

野分《のわき》

正しくは「野分の風」。秋の末に、野の草を吹き分けるような強い風。台風をさすことが多い。

吹き飛ばす石は浅間の野分かな　芭蕉

野分して蟬《せみ》の少なきあしたかな　子規

小春日和《こはるびより》

初冬の暖かく晴れた日。元来「小春」は陰暦十月の異称。陽暦なら十一月から十二月初めのころで、そのころのぽかぽかと暖かいひよりを「小春日和」と言うのである。また、小六月《ころくがつ》とも言う。

小春凪《なぎ》真帆も七合五勺かな　蕪村

小春日の心遊びて部屋にあり　虚子

春先などの暖かいひよりに対してこの語を使うことがあるが、それは誤りである。

麦秋《ばくしゅう》

陰暦五月の異称。元来、麦の取り入れの時節という意である。そのころが陰暦で五月に当るところから、陰暦五月（陽暦なら六月ごろ）の異称としても使われるようになった。なお、俳句では「麦秋」を「むぎあき」とも言い、また「麦の秋」とも言う。

かわたれどき

明け方か夕方の薄暗い時。「かわたれ」は、「彼は誰」の意で、薄暗くてだれかよく見定めがたい時分という意。万葉集巻二十に、

あかときのかはたれときに島陰《かぎ》を漕ぎにし船のたづき知らずも

なお、「たそがれどき」も「誰そ彼」の意で、「かわたれどき」と同じような表現であるが、後世では、夕方を「たそがれどき」、明け方を「かわたれどき」と称した。

わたのはら

大海《おおうみ》。古く、海のことを「わた」と言った。「海底」は「わたのそこ」である。「はら」は「広い所」の意。百人一首にも、

わたのはら八十島《やそしま》かけて漕ぎ出《いで》ぬと人には告げよあまの釣り舟

（小野 篁《たかむら》・古今集）

が採られている。後世「ワダノハラ」と発音するが、これは誤りである。

星霜《せいそう》

としつきのこと。星は一年に天を一周し、霜は年ごとに降りるという考えから出たもの。「**学校を卒業して幾星霜**」などと使う。

❖ いったい、どんな人のことでしょう？ ❖

柱石《ちゅうせき》

頼みになる大切な人のこと。**「国家の柱石」**などと使う元来、柱と土台石のことで、建物を建てるについてはぜひともなくてはならないものである。

泰斗《たいと》

大家。「泰山北斗」の略。「泰山」は中国山東省にある名山、「北斗」は北斗星のこと。この二つは世人の仰ぎ見るものであるから、大家、権威者の意味に「泰斗」が用いられた。**「彼は英文学の泰斗であった」**などと使う。

成金《なりきん》

にわか金持のこと。元来は将棋用語。将棋では「歩《ふ》」でも敵陣に乗り込めば「金」になる。これが「成金」である。そこで、にわかに金持になった人を言い表わすのに、この語を利用したもの。「**あれは成金趣味だ**」などと言う。少し軽蔑した意味を含んだ言い方である。大正時代に、景気の変動でにわかに富豪になった人たちを呼ぶのに、この「成金」がしばしば使われた。

あまのじゃく

本心とは逆の行動や言動を取ってしまう人のこと。「あまのじゃこ」「あまんじゃく」などとも言う。「天の邪鬼」と書くことが多い。「**あいつはあまのじゃくだから、反対するにきまっているよ**」などと使う。

もと、民話などに悪役として登場する鬼。神話に出て来る「天探女（あまのさぐめ）」から出た言葉かと言う。

猶子《ゆうし》

養子。「礼記」に「**兄弟之子猶〻子也**」（兄弟の子なお子のごときなり）とあるものから出た言葉。もとは兄弟の子、すなわち、おいやめいのことを言ったが、転じて、養子あるいは義理の子のことを言う。

顔役《かおやく》

その土地で勢力のある人。「顔がきく」「顔を売る」という言い方もあるように、その人の顔がみんなに知られているという意で「顔役」という語ができたのであろう。「**町の顔役になる**」「**彼はあの界隈《かいわい》での顔役だ**」などと使う。

果報者《かほうもの》

しあわせ者。「果報」は元来仏教語で、因果応報のこと。すなわち、むくいであるが、転じて、よいむくいを指し、しあわせのよいことの意に使う。「果報者」の「果報」はそれである。

また「**果報は寝て待て**」ということわざの「果報」も同じであって、「果報は寝て待て」は、あせらないで静かに時期の来るのを待ての意である。

おいらく

老年。「**おいらくの恋**」などと使われる。「おゆらく」から転じたものであり、「おゆらく」は「老《お》ゆ」を名詞の形にしたもの。「言ふ」「思ふ」から出た「言はく」「思はく」と同種。

宿敵《しゅくてき》

前々からの敵。この場合の「宿」は、「宿願」「宿望」などの「宿」と同じで、「前々から」「もとから」の意。「**宿敵同士の戦い**」などと使う。

長者《ちょうじゃ》

金持ち。年寄りや、徳の高い人、身分の高い人の意もあるが、多くは、土地や金を持っている人を指して使った。古く使われた語だが、今でも「**億万長者**」などと使う。普通チョウジャと濁って発音する。

後見《こうけん》

背後にいて世話をすること。「**幼い子供の後見をする**」「**後見役**《やく》」などと使われる。もと平安時代に「うしろみ」という語があった。

少納言の乳母とこそ人いふめるは、この子のうしろみなるべし

『源氏物語』

この語を漢字で「後見」と書いたところから、その漢字を音読してできた語である。「後見する」と動詞としても使う。

傀儡《かいらい》

人の手先になって使われる者。「**会長は傀儡に過ぎない**」とか「**傀儡政権**」などと言う。「傀」も「儡」も人形の意で、操り人形（これを「くぐつ」と称した）を指す。操り人形を使うものを「傀儡子」と称した。古川柳に、

人形と同じ縞着る傀儡子。

好事家《こうずか》

ものずき。専門家ではない趣味家のこと。アマチュアの意を用いることが多い。**「この町に錦絵を集めている好事家がいる」「好事家の集まり」**などと言う。なお、コウジカとは言わない。

用心棒《ようじんぼう》

護衛のための従者。博徒等が警戒のためにかかえておく武芸者のことである。**「いつも用心棒がそばに付いている」**などと使う。もとは、どろぼうの用心のために備えておく棒のこと。また、雨戸を押えるための「しんばり棒」のことをも言う。「用心」は、心を用いることで、心くばりをすること、あらかじめ警戒することの意である。「火の用心」などと言う。

器用貧乏《きようびんぼう》

器用なことがかえってあだとなり、いろいろの仕事をさせられて、本格的な仕事ができず、貧乏を脱することができなかったり、あるいは得にならない役割ばかりさせられることを言う。

韋駄天《いだてん》

非常に足の速い人のこと。もと、仏法守護の神で、仏舎利を盗み出した鬼を追いかけて行き、取り戻したという俗伝があって、よく走る神として知られる。速く走ることを「**韋駄天ばしり**」と言う。マラソン選手の快走ぶりはしばしば「韋駄天ばしり」と形容された。

きざ

気取っていて、いやみなこと。言語・動作・服装などがどことなく意識的で、不快な感じや反感を起させること。「**きざな言い方**」などと、形容動詞として使う。また「**きざったらしい**」などとも言う。「きざ」は、もと「気障《きざわ》り」の略で、気にかかること、心配なことの意から、不快な感じを起させることなどの意に使われた。「気障り」も、いやみなことの意に使われた。

巨頭《きょとう》

団体などで非常に重要な地位を占めている人のこと。「**政界の巨頭**」などと使う。新聞などにもしばしば「**巨頭会談**」などという見出しが現われる。

お歴歴《れきれき》

身分の高い人々。あるいは、社会的に名声のある人々や、すぐれた人々の意味にも使う。現在では、多少からかいの気持で「**お歴歴のおそろいだ**」などと使うことが多い。

「歴」の字は、はっきりしている意であって、「歴歴」は元来「あきらかなさま」、また「はれがましいさま」を言う語。

風雲児《ふううんじ》

世の中の変動に乗じて活躍する人のこと。「**風雲児織田信長**」「**一代の風雲児とうたわれた**」などと言う。

「風雲」は、龍が風と雲とを得て天に上るように、英雄豪傑が頭角を現わすよい機会を指す。また、世が大きく動こうとする気運を意味する。「風雲急を告げる」は、大事件が起りそうな状勢がさし迫っていることを言う。

麒麟児《きりんじ》

特別にすぐれた才能や技術を持つ若者のこと。少年時代からめざましい才能を示し、将来大成すると期待されるものを言う。麒麟は、中国で、聖人が出る時に前もって現われると称する想像上の動物である。形は鹿に似て大きく、尾は牛に、蹄《ひづめ》は馬に似ていて、腹部は五彩で全身の毛は黄色、頭上に肉に包まれた角が一本ある。そこで「一角獣」とも言う。「麒」は雄で、雌は「麟」であると言う。非常に傑出した人物のたとえに使うこともある。

浪人《ろうにん》

主家を離れた侍のこと。「浪士」とも言う。たとえば「赤穂浪士」のように。

本来は浮浪民のことだが、主家を去り、禄を離れた武士を言い、「牢人」とも書かれた。戦国時代、あるいは江戸時代には、この「浪人」が多く生れて、社会上大きな問題であった。

また、進学試験に失敗し、次の年の機会を待っている者をも言う。「浪」は「浪々の身」「放浪の旅」などと用いられる「浪」であろう。

棟梁《とうりょう》

大工の親方のこと。元来、「棟」は「むね」、「梁」は「はり」のことで、「むね」と「はり」は家屋の構造上大切なものであるから、転じて「一団の重任に当る人」、あるいは「おもだった人」「かしら」などの意となった。「**織田信長を棟梁と仰ぐ**」のように使い、ことに、大工のかしらを棟梁と言うようになった。

山師《やまし》

詐欺師のこと。昔、鉱石のある山を探し当てることは非常に困難で、投機的な仕事であった。「山師」はこの鉱石を探しまわる鉱山技術者のことで、転じて投機的なことをする人を言い、さらに転じて、いいかげんなことを言っては人をだます者を言うようになった。

なお、山の木材を取り扱う者を「山師」と言ったこともある。

内弁慶《うちべんけい》

家の中だけでいばりちらすこと。家の中では武蔵坊弁慶のように強いし、大いばりするという意味。「**内弁慶で外へ出るとからきしいくじがない**」と使われる。武蔵坊弁慶は言うまでもなく、源義経の家来で非常に勇猛であったと言われる人。「内弁慶」はまた「かげ弁慶」とも言う。

❖いくつ知っていますか？「動物や植物」が入った言葉❖

出馬《しゅつば》

進んでそのことに乗り出すこと、その場に出向くこと。「**知事選挙に出馬をすすめる**」などと使う。もと、貴人や大将などが馬に乗って出かけることである。

しり馬《うま》

便乗すること。「**人のしり馬に乗る**」と使う。人の乗った馬の後方に同乗することで、転じて、人の後ろについて行動することである。

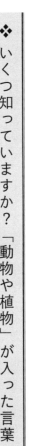

虎《とら》の子《こ》

大事にするもの。「**虎の子の絵を手放した**」などと使う。虎はその子を非常に愛護するという。そこで大切にして手放さないものの意に使う。秘蔵の品。

猪突《ちょとつ》

いのししが突進するように、むこう見ずに一直線に進むこと。「**どうも猪突におちいりやすい**」とも言うが、「猪突猛進」と熟して使うことが多い。「猛進」は、猛烈な勢いで突き進むこと。「**受験準備に猪突猛進する**」などと使う。

豹変《ひょうへん》

一変すること。しばしば「**君子豹変**」と使われる。君子が、善に移って旧悪を改め去るのは、豹の模様がはっきりしているように顕著だという意。転じて、善でも悪でも、態度などが急に変わることを「豹変」と言う。また、「豹変する」と動詞としても使う。「**いつのまにか反対説に豹変してしまってい た**」などと使う。

狼藉《ろうぜき》

取り散らかしたさま。「狼」は、おおかみのこと、「藉」は、敷く意。「史記」に「杯盤狼藉《はいばんろうぜき》」とあるが、狼が草を敷いて寝たあとがひどく乱れているところから出た表現という。「狼藉」は転じて、乱暴の意にも使われ、「**乱暴狼藉をきわめる**」「**狼藉を働く**」「**狼藉者**」などと言う。

狼狽《ろうばい》

うろたえ騒ぐことで、「**急に聞かれて狼狽する**」などと使う。「狼」も「狽」も動物で、「狼」は前足が長く後足が短い。「狽」は前足が短く後足が長い。そこで、この二つの動物が離れ離れになると、うまく動けなくなり、あわてうろたえるからだという説がある。

猫《ねこ》のひたい

ごく狭い場所のこと。「**猫のひたいほどの庭しかない**」などと言う。もちろん、ねこのひたいが狭いところから出た言葉。漢語で「猫額《びょうがく》」「猫額大《びょうがくだい》」とも言う。

猫《ねこ》の目

変わりやすいことのたとえ。猫のひとみは光線の強弱によってよく形が変わるところから。「**意見が猫の目のように変わる**」などと使う。

狸《たぬき》ねいり

眠ったふりをすること。たぬきは、銃で打ったりすると、ころりと倒れてしまって身動きしないでいるが、しばらくすると、いつのまにか起き上がって姿を消してしまう。この状態を見て、たぬきは眠ったふりが上手だと考えて、「たぬきねいり」という言葉を生んだ。しかし実際は、たぬきは非常に驚くと仮死状態になってしまうのだそう。

いたちごっこ

一つ事を繰り返すこと。もと、二人が互いに他の人の手の甲をつねって自分の手をのせていく子供の遊び。転じて、ただいたずらに同じ事を繰り返すばかりのことを言う。「**いたちごっこをしていたのではきりがない**」などと使う。

猿《さる》のしり笑い

自分を省みず他人を笑うこと。猿が自分のしりの赤いのを知らずに、またはそれを棚に上げておいて、他の猿のしりの赤いのを笑うという意。

鶴首《かくしゅ》

待ちわびること。ツルのように首を長くして今か今かと待つ意。「**吉報の到来を鶴首する**」などと言う。

雁行《がんこう》

並んで進むこと。雁は常に群をなして、「さお」の形になったり「かぎ」の形になったりして飛ぶ。これが「雁行」だが、特に、一つはややおくれながら斜めに並んで進むのを言う場合が多い。「雁行する」と動詞としても使う。「**二人は常に雁行して出世街道を進んで行った**」などと言う。

鳥瞰《ちょうかん》

高いところから見おろしながめること。上空から下界を俯瞰《ふかん》することである。全体を一目で観察することにも言う。「**世界の動向を鳥瞰すれば**」などと言う。「瞰」は、見おろす意。bird's-eye view の訳語として成り立ったものであろう。なお、「鳥瞰図」という語も行われる。

かも

くみしやすい相手。自分の意のままに料理できる相手。ことに勝負事で楽々と負かすことのできる相手のこと。「かもにする」のように使う。「かも」は言うまでもなく水鳥の「鴨」のことである。鴨は、捕らえやすいか、あるいは手に入りやすい鳥ということからであろうか。「**かもがねぎを背**《し》**負**《よ》**って来る**」という言葉がある。かも鍋にするねぎまで付いてくるという意味で、ますます、おあつらえむきであるということである。「かもる」という動詞形にしたものも使われる。

うのみ

かまないで丸のままのみ込むこと。鳥の鵜《う》は、魚をするするとのみ込んでしまう、すなわち、丸のみするところから生れ出た表現である。転じて「**人の言うことをうのみにする**」などと、物事を充分に理解批判しないで、そのまま取り入れる意に使う。

雀《すずめ》の涙《なみだ》

ごく僅《わず》かなこと。「**ボーナスは雀の涙さ**」などと言う。雀は小がらの鳥であり、それの涙はきわめて少量であろうという意で生れた表現であろう。

鶴《つる》の一声《ひとこえ》

有力者・権威者の発言。「**社長の鶴の一声で決定した**」などと使う。鶴は、気管が長く、それが曲がりくねって胸骨の中にも入っているので、すっかり伸ばすと頭の先から足の先までぐらいの長さになる。そこで、高い声が出せる。それが「鶴の一声」であると言われる。

雌伏《しふく》

じっとして機会を待つこと。「**浪人として雌伏三年、再び要職に返り咲いた**」などと言う。なお「雌伏する」と動詞としても使う。

「雌伏」は元来、雌鳥が雄鳥におとなしく服従する意で、その反対語としては「雄飛」がある。

容喙《ようかい》する

横から口出しすること。干渉すること。「**他人の容喙は許さない**」などと使う。「喙」は鳥のくちばしのことで、「容」は入れる意であって、「容喙」は、くちばしを入れることである。

蛇足《だそく》

あっても益のない無用の長物のこと。蛇に足を添えてかいたという故事から出た言葉。蛇にとって足はよけいな無用物である。「**この文章のこれから先は全くの蛇足だ**」「**なお蛇足を加えるならば、次のような事がある**」などと使う。

昔、楚《そ》の国で、蛇をいち早くかく者に酒を賜うことにした時、真先にかきあげた者が蛇に足をかき添えたので、かえって賜酒《ししゅ》を他の者に奪われたという故事からと言われる。「戦国策」に出ている。

蜂起《ほうき》する

むらがりおこる蜂《はち》が巣から一時に飛び立つように、大勢の者がいっせいに立ち上がること。兵乱や暴動などの場合に多く使われる。「**暴徒が蜂起した**」のように使う。

虫《むし》のいき

ごくかすかな呼吸のこと。「**瀕死の重傷で虫のいきだ**」「**すっかり弱って虫のいきになる**」などと言う。虫は概して小さいから、ごくかすかな呼吸を「虫のいき」と表現したのであろうか。あるいは、虫のような小さいもののいきはごくかすかであろうという考えからであろうか。

とど

結局という意。「とど」は元来、「ぼら」が成長したものの称。「ぼら」は漢字では「鯔」「鰡」と書かれるが、卵からかえって、六月の終りごろ海岸に押し寄せてくる稚魚を「おぼこ」または「すばしり」と言い、川をのぼって池や溝に入って来て体長二〇センチぐらいになったのを「いな」と言う。さらに川をくだり海に入って、翌年四月ごろ、体長三〇センチぐらいになったのが「ぼら」と呼ばれる。そして成長しきった、きわめて大きいものを「とど」と言う。そこで、「やがて」「ついに」「最後」などの意に「とど」が使われた。

たとえば芝居の脚本などに、「**激しい立ち回りがあって、とど切られる**」などとある。また、「とどのつまり」という言葉もある。「とど」が、「おぼこ」「いな」「ぼら」と呼ばれて大きくなってきた最後であるという意である。「**とどのつまりは離婚することになった**」。

うなぎのぼり

急激に上昇すること。元来、うなぎが水中で身をくねらせながら垂直にのぼることから出た語。「**温度がうなぎのぼりに上がった**」「**うなぎのぼりの出世**」などと使う。

たかねの花《はな》

自分の手の届かないもの。「たかね」は「高根」とも書くが、高い嶺《みね》のこと。高い嶺に咲いている花は、ただ眺めるだけで手にとることはできないという意味の言葉である。「**別荘がほしいが、私にとってはたかねの花さ**」などと使う。

瓜《うり》二《ふた》つ

非常によく似ていること。「瓜二つ割り」の略であろうか。瓜を二つに割った形がそっくりなところから、たとえば兄弟などの顔つきがひどくよく似ていることなどの場合に使う。「**彼は兄と瓜二つだ**」「**本物と瓜二つのにせものを作る**」などと使う。

❖知性を感じさせる言葉、サラリと使いこなせますか？❖

みえを張《は》る

外観を取りつくろうこと。「**江戸っ子はみえを張る**」などと言う。また、名詞形にして「みえはり」「みえっぱり」と言い、また「みえ坊」とも言う。

「みえ」は「見える」の連用形「見え」であって、外から見えるさまの意である。「見栄」と書くことが少なくない。役者が舞台で、ことさらに目立つようにする表情・演技を「みえ」と言い、そうすることを「みえを切る」と言う。

板《いた》につく

ものなれた様子を見せること。「板」は舞台のこと。役者の芸が舞台にぴったり調和するということから、職務などにその人がしっくり合って、いかにもなれきった状態に見えることを「板につく」と言う。「**彼も大臣が大分板についてきた**」などと使う。

内幕《うちまく》

内部の事情。裏面。もと「内幕」は、外幕《とまく》の内側に張る、やや小さめの幕のことを言う。転じて「**内幕をさらけ出す**」「**内幕のことはわからない**」などと使う。

上手《かみて》

舞台の向かって右の方である。向かって左の方は「下手《しもて》」である。「**上手から登場**」などと使う。なお、「上手」はまた「上座」の意味にも用いる。「**客を上手にすえる**」などと言う。

また、「上手」はカミテと読まれるほかに、「ウワテ」「ジョウズ」「ジョウテ」などと読まれ、意味もそれぞれ違ってくることは、言うまでもない。

殺陣《たて》

芝居や映画で、切り合いの乱闘。すなわち、立ちまわりが「たて」である。このときの立ちまわりの型を俳優に授けるのが「殺陣師《たてし》」と言われる。

もどき

ある物に似ていること。「**梅もどき**」「**がんもどき**」などの「もどき」である。「梅もどき」は葉が梅に似ているところから、また「がんもどき」は味が雁《がん》の肉に似ているところから名付けられたと言う。植物名には「もどき」の付いているのが少なくない。なお、「**芝居もどき**」は「芝居に似せて」の意。「もどき」は、他のものに似せて作る「もどく」という動詞の連用形である。田楽《でんがく》の能の曲目に「もどき」というのがある。笑いをさそうものである。

半畳《はんじょう》を入《い》れる

他人の言動に対して、からかったり、冷やかしたりすること。

「**彼はだれの話にでも半畳を入れるから困りものだ**」などと使う。

「半畳」は、昔芝居小屋で見物人の敷き物として貸した小さなござ。芝居で役者に対する不満や反感の意を表わすのに、見物人がこの半畳を舞台めがけて投げたことから起ったと言う。古くは「**半畳を打つ**」とも言った。

きまりが悪《わる》い

恥ずかしいこと。「**きまりの悪い思いをする**」などと言う。「きまり」は、きめられたもの、規則、あるいは、きまること、結末、おさまりなどの意に使われるが、芝居で、しぐさがきまることを「きまり」という。そのきまり方がよくないことを「きまりが悪い」と言い、役者としてきまりがうまくいかないことは恥ずかしいことなので、「きまりが悪い」に恥ずかしい意が付いた。

どんでんがえし

まったく正反対にひっくりかえすこと。「**最後にどんでんがえしを食ってしまった**」「**どんでんがえしを食わす**」などと言う。もと、芝居用語で、大道具をさかさまに引っくりかえして次の場面を現わす方法、装置である。「がんどう返し」とも言う。江戸時代、江戸市民の芝居好きが生んだ語。「どんでん」は擬態語であろうか。

こけらおとし

新築劇場の初興行。「**こけらおとしに菊五郎一座が出演する**」などと使う。「こけら」は、元来、材木の削りくず、または、板屋根をふくのに使う「こば」（材木を薄くしたもの）のことである。「こけらおとし」は、削りくずなどを落すということで、新築落成の意に使われたのであろうが、それから転じて、新築劇場の最初の興行を指すのに使われた。

幕切《まくぎ》れ

一段落すること。また、全く終りになること。「**騒動の幕切れはあっけなかった**」「**これで世間を騒がせた事件も幕切れだ**」などと言う。もと、芝居で劇が一段落して幕がしまることである。以前には「まくぎり」と言ったこともあるらしい。

千秋楽《せんしゅうらく》

興行の最後の日のこと。「**いよいよ明日で千秋楽だ**」「**千秋楽を迎える**」などと言う。千歳楽《せんざいらく》とも言う。元来、雅楽の曲の一つであって、法会《ほうえ》では、最後に「千秋楽」を奏する習慣があった。

そこで、「千秋楽」に最後の意を生じ、芝居や相撲で興行期日の最後を言うようになったと言われる。なお、「千秋楽」を略して、単に「楽《らく》」とも言う。

「明日はいよいよ楽だ」。

二枚目《にまいめ》

美男役のこと。歌舞伎の番付で二番目に書かれた役者のこと。二枚目の役者は、美男役、やさ男役、すなわち、「心中天網島《しんじゅうてんのあみじま》」の紙屋治兵衛や「恋飛脚《こいのたより》大和往来《やまとおうらい》」の忠兵衛のように、言動優しく恋愛葛藤《かっとう》の中心となる役を演じる。そこで転じて、美男・やさ男のことをも言う。**「彼は二枚目だ」**などと言う。

なお、番付の一枚目には座頭《ざがしら》の名が書かれる。

三枚目《さんまいめ》

道化役のこと。たとえば「仮名手本忠臣蔵」では、伴内の役などのこっけいな役、またはそれを演ずる俳優を「三枚目」と言う。「三枚目」は歌舞伎の番付で三番目に書かれるからである。

なお二枚目は「美男役」であるが、美男であってしかもユーモアのある人柄を言うのに、「二枚目半」というような言葉が行われている。

おやま

男でありながら女の役をする役者のこと。漢字では「女形」と書く。なお、操り人形の女がたの人形も「おやま」と呼ぶ。また、上方《かみがた》の言葉では遊女のことを「おやま」と言った。歌舞伎では、その遊女に扮《ふん》する者という意味で女形を「おやま」と呼んだという。女の人形を使う名手に、小山次郎三郎という者がいて、その姓から出たという説もある。

狂言《きょうげん》まわし

劇の進行に終始必要な登場人物のこと。歌舞伎用語で、劇の主人公ではないが、ずっとその劇を進行させて行く上で必要な人物。「**とんだ狂言まわしをさせられた**」などとも使われる。

十八番《じゅうはちばん》

得意のものごと。「**わたしの十八番は追分節だ**」などと使う。もと歌舞伎十八番のこと。市川団十郎家で代々務めてきた当り狂言が暫《しばらく》・鳴神《なるかみ》・助六《すけろく》・勧進《かんじん》帳《ちょう》・景清《かげきよ》・外郎売《ういろううり》など十八番ある。

お家芸《いえげい》

他の人にはまねのできない、その人独特の芸のこと。「**水泳はお家芸だ**」のように言う。「お家芸」はもと、歌舞伎でその家に伝わっている芸の意。

修羅場《しゅらば》

大あばれの場面。「修羅」は「阿修羅王《あしゅら》」のこと。本来は、人形浄瑠璃《じょうるり》や歌舞伎で使う語で、合戦闘争の場面を言う。転じて、一般に争い事などを言うのに「**修羅場を演ずる**」などと使う。

正念場《しょうねんば》

ここぞという大事な場面のこと。「**いよいよ正念場にかかる**」などと言う。もと、歌舞伎や浄瑠璃で、一曲一場の大事な見せ場。「性根場」とも書き、主人公になった役者がその役の性根《しょうね》をどう表わすか、はっきりわかる場面。役者が心魂を傾ける場面。

真打《しんうち》

最上級の格の芸人のこと。寄席などでは、真打が最後に舞台に上がるのが普通である。「**真打をつとめる**」などと言う。「真打」は略して「しん」とも言う。江戸時代の役者評判記などの位付けで、上上吉よりもさらに上位のものを真と称したので、それから出たものか。

糸《いと》を引《ひ》く

裏から操る。「**陰で糸を引く者がいるに違いない**」などと使う。操り人形には、人形の各部分に糸をつけ、それを引いて動かすものがある。「糸あやつり」と称したが、「糸を引く」はそのことから出た表現である。なお、「糸を引く」は「**いつまでも糸を引いて困る**」のように、長く絶えないで続くことを言うこともある。また、「**糸を引くようにまっすぐの球**」などとも使われる。

さしがね

裏から人を操ること。「**親のさしがねで動く**」などと使う。もと、劇場の舞台で蝶《ちょう》や鳥などの飛ぶありさまを示すために、はりがねの先に蝶や鳥の形をしたものを付けて陰で操った。そのはりがねが「さしがね」である。演劇用語が一般化した一例である。

さわり

一曲中の聞かせどころ。転じて、最も感動的なすぐれた部分の意に使う。「**さわりを聞かせる**」などと使う。もと、義太夫で、他の節《ふし》づけを取り入れたところを言う。他流にふれるという意で「さわり」と称したと言われる。

三拍子《さんびょうし》そろう

すべて条件が備わること。小鼓《こつづみ》、大鼓《おおかわ》、それに太鼓《たいこ》または笛の三つの楽器の拍子がそろうことから、三つの必要条件がそろうことを言う。

鳴物入《なりものいり》

物事を大々的に宣伝すること。「**鳴物入で野球界に入った**」のように使う。

「鳴物」は、元来、笛・太鼓・琴・三味線などの楽器のこと。または、こういう楽器を奏することを言う。ことに、歌舞伎の下座《げざ》音楽のはやしを指す。「鳴物入」は、楽器を奏してきわめてにぎやかなことを意味する。転じて、にぎやかに景気をつけることを言う。

突拍子《とっぴょうし》もない

調子はずれであること。「**突拍子もないことを言い出す**」などと使う。「突拍子」だけで、度はずれていること、意外なことを表わす。「ない」は打消しの「ない」ではなく、強調表現の「ない」である。「とんだこと」を「とんでもないこと」と言うのと同じである。江戸時代に、突飛なことを「とひょう」と言い、「とひょうもない」と言った。また「とひょうしもない」という言い方もあった。この「とひょうしもない」から「突拍子もない」が出たのであろうと言う。

合点《がてん》

承知すること。「合点」はもともと、集まった歌・句の中で、選者・判者がすぐれた作品と認めたものに付けたしるしのこと。このしるしは、また回状などで自分の名の肩に承知の意で付けるのにも用いられ、転じて「承知」「承諾」の意になり、またうなずくことにも用いられた。

❖知らなかった！　囲碁や将棋から生まれた言葉❖

高飛車《たかびしゃ》

威圧的。「**高飛車に出る**」「**高飛車な言い方をする**」などと言う。頭ごなしに威圧すること。もと将棋の術語。飛車を自陣の前方に高く進める戦法のことで、敵陣を威圧する攻撃的な陣形となる。

だめを押《お》す

念のため確かめること。「**一応先方にだめを押しておいた**」などと使う。「だめ」はもともと囲碁の用語で、「駄目」と書く。駄目は打っても打たなくてもよいところで、そこへ念のため石を置いて様子を見るという気持の言葉。なお、「もうだめだ」などの「だめ」も、この囲碁用語の転用である。この場合は「役に立たない」「無駄だ」の意である。

布石《ふせき》

将来に備えて用意すること。あらかじめ打っておく手くばり。「**将来への布石は充分である**」などと言う。「布石」はもと、囲碁の用語であって、対局の初期に、将来の展開を見越して碁石を要所要所に打っておくことを言う。「布石」というのは、石を布《し》くことである。

一目《いちもく》おく

敬意を払う。相手に対して一歩を譲ること。「**彼はあなたに一目おいている**」

などと使う。元来は囲碁用語で、弱いほうが最初に一目おいて勝負を始めるからであり、対局をする時一目おくのは、相手を強いものとして敬意を払うことだからであろう。

岡目八目《おかめはちもく》

局外者には得失がよくわかること。元来、囲碁の用語。傍観者は対局者よりは局面を冷静に眺めているから、八目も先までわかるという意味である。なお、傍観者は対局者に比べて八目もの得がわかるという意とも言われている。なお、岡目の「おか」は「かたわら」の意である。

❖意外と知らないアレの意味❖

あげ足《あし》をとる

人の言葉じりを取り上げてやっつけること。「**あげ足をとられる**」「**あげ足とり**」などと言う。相手のあげた足を取って倒すことである。

勇《いさ》み足《あし》

威勢よくやりすぎて失敗すること。調子づいて、やりすぎたり、し損じたりすること。「**いい気になって勇み足をするな**」などと言う。もとは「土俵につまった相手が土俵ぎわで踏み切る寸前、自分が勢いあまって土俵外に先に足を出して負けた場合」（NHKのスポーツ辞典『相撲』）と言われる。それを比喩《ひゆ》的に使ったものである。

番狂《ばんくる》わせ

予想外の結果になること。もと、相撲で、番付の位置が上で、当然勝つと思われる者が負けてしまうことを「番狂わせ」と称した。番付の順序を狂わせるという意味でできたものであろうか。「**横綱が負けた。番狂わせだ**」などと言う。相撲のほかの競技などでも使われる。

かたすかし

相手の力をうまくそらすこと。一般の言葉としては「**かたすかしをくう**」とか「**かたすかしをくわせる**」と言う。自分の体を右に大きく開くと同時に左手を上から回して、相手の肩をはたきながら引き倒すこと。

かまをかける

自然にしゃべるように誘いをかける。本音《ほんね》をはかせるようにすること。「**かまをかけたらすっかり白状してしまった**」などと使う。激しく突張ってくる相手の腕を、かまで草を刈るような形で打ち、相手の体をくずすこと。恐らく、ここから転じたものであろう。

いなす

相手の勢いを軽くかわすこと。「いなす」は相撲や柔道で、相手が激しく前に出てくるところを急に身をかわして相手を泳がせることを言い、この用語が、少し意味を転じて一般社会で行われるようになったもの。

八百長《やおちょう》

なれあいの勝負のこと。元来、相撲の社会で行われた言葉。昔、八百長と称する八百屋が、相撲の年寄《としより》と碁《ご》を打って、すぐれた力を持ちながら、いつも一勝一敗になるようにしむけていたことから起ると言われる。「あの勝負は八百長だ」「**八百長をする**」「**八百長相撲**」「**八百長質問**」「八百長試合」などと使う。

醍醐味《だいごみ》

ほんとうのおもしろさのこと。もと仏典の語。牛乳を精製する過程を五段階に分け、乳味・酪味・生酥《しょうそ》味・熟酥味・醍醐味の五味《ごみ》とする。すなわち、その最終段階の最上の美味が醍醐味なのである。何とも言えない美味という意から、広げて、一般的に、おもしろさ、楽しさについて言う。「**釣りの醍醐味**」などと使う。なお、「醍醐」は、梵語を漢字の音で写したもの。

観念《かんねん》する

これまでとあきらめること。「**もはやこれまでと観念する**」「**のがれる道はない。さあ観念しろ**」などと使う。「**観念のほぞを固める**」というのも、これまでと覚悟する意である。

なお、「観念」は、本来は仏教語で、心を静かにして考え思うことである。現在は、また idea の訳語として、「観念」を「概念」「心象」などとほぼ同じ意味で使う。この場合は、動詞として使うことはない。

相好《そうごう》

顔つき。表情のこと。「**かわいい孫を膝にだいて相好をくずしている**」などと言う。「相好をくずす」は、にこにこと顔をほころばせて心から喜ぶ場合の表現である。「すっかり相好が変る」などと言う。もと、仏の三十二相八十種好から出たもので、仏のからだの各部分の身体的特徴の総称である。

息災《そくさい》

無事で達者なこと。身にさわりのないこと。「息」は、やむ、とめるの意である。「息災」はもと仏教語で、仏や神の力によって、災難をなくす、起さなくする意である。「無病息災」などと言う。転じて、無事達者であることの意となる。「息災で暮らす」のように使う。

仏頂面《ぶっちょうづら》

ぶあいそうな顔のこと。釈迦の頂上から化現《けげん》して輪王の形をして、仏智の功《く》徳《どく》を表わすものを「仏頂尊」と言うが、その仏頂尊のいかめしく恐ろしい相から出たのが「仏頂面」という言葉。「仏頂顔《がお》」とも言う。ふくれっつら。「どうしてそんな仏頂面をしているのか」などと使う。

方便《ほうべん》

一つの手段。「**うそも方便**」「**一時の方便として実施した**」などと言う。元来は仏教語で、衆生《しゅじょう》を教え導く巧みな手段の意である。「方」は「方法」「方式」などの「方」で、やりかた、てだての意、「便」は、つごう、ついでの意である。

懸念《けねん》

気がかりなこと。心配。「**懸念がある**」「**懸念する**」などと言う。もとは仏教語で、一つのことにだけ心を集中させて他のことを考えないこと。また、執念、執着の意である。なお、「懸」は、かかる、かける意で、音はケンだが

「懸念」「懸想」の場合はケ。

権化《ごんげ》

化身。もと、仏が衆生を救うために、仮《かり》に姿を変えてこの世に現われること。また、その仮の姿を言う。比喩《ひゆ》的に「**母性愛の権化**」などと使う。なお、「権」は、仮の意である。

輪廻《りんね》

生きかわり死にかわること。仏教で、霊魂は滅することなく、他の生物に生れ変わって、永久に迷いの世界をめぐるとして、これを輪廻と言う。「廻」は呉《ご》音でエ。したがってリンエであるが、連声《れんじょう》でリンネとなる。「観音（クヮンオン）」「因縁（インエン）」が、クヮンノン・インネンとなるような類。なお、「**輪廻する**」と動詞としても使う。

上乗《じょうじょう》

最もすぐれていること。「上乗のでき」「それで上乗だ」などと使う。仏教語で、「乗」は、のせる、のる、のりものの意だが、この場合の「乗」は、衆生を悟りの世界に至らせるものの意である。「上乗」は「最上の教法」の意。

断末魔《だんまつま》

死ぬまぎわ。「**断末魔の苦しみ**」などと使われる。歌舞伎の『曾根崎心中』に、「両手をのべ、だんまつまの四苦八苦」とある。

もと仏教語で、「断末摩」とも書き、「末摩」に触れて命を絶つことである。

屈強《くっきょう》

極めて体力の強いこと。「**屈強の若者が連れになった**」のように言う。本来、人に屈しないこと、意地の強いことの意であるが、日本で「究竟」（本来は、仏教語で、物事の究極に達すること。転じて、力などが非常に強いこと）と書いてクッキョウと読み、「究竟のつわもの」のように使ったところから、それと混同して「屈強」に力の強い意が生じた。

増長《ぞうちょう》

つけ上がって高慢になること。主として「増長する」と動詞として使う。「**増長してきて手のつけようがない**」などと言う。元来程度が次第に激しくなることの意である。仏教語に「増上慢《ぞうじょうまん》」というのがあるので、それと混同して意味が変ったのであろうか。

滅法《めっぽう》

なみなみでないこと。法外。「**物価が滅法高くなった**」「**滅法若くて美しい**」などと副詞的に用いることが多い。助詞「に」を付けて「滅法に強い」とも言う。

実は、もと仏教の語で、因縁によって作られるものではないもの。転じて理にはずれること、めちゃくちゃなことを意味し、さらに不条理なほど程度がはなはだしい意に移って行った。

こけおどし

見え透いた脅かし。また、実質はないのに、見せかけだけ立派なものをいう。「**彼の話はこけおどしだ**」などと使う。「こけ」は「虚仮」であって、本来は仏教語である。真実でないことの意から、思慮や、内容の浅いことの意に転じた。「こけにする」は、ばかにする、踏みつけにする意である。

甘露《かんろ》

美味なこと。もともと、甘い味の液のことであり、転じて味のおいしいことを言う。多くは水などを飲んだ時に「**ああ甘露、甘露**」などと言うが、「夏があいてたばこの味がかんろなり」（雑俳）は、たばこのうまさを言ったもの。もと、仏教語で梵語の訳語であり、インドで天の神々が不死を得るための飲料を言う。転じて、仏の教え、仏の悟りにたとえる。

無常《むじょう》

この世のはかないこと。元来、定まりのないことの意であって、仏教語では、一切の物は生滅、転変して常住でないことを言う。「諸行無常」「無常の世の中」などと言う。なお、大名屋敷の「無常門」は、葬式の時だけに開く門である。「常」は、いつも同じで変りがないことの意。

刹那《せつな》

瞬間。梵語から。時間の最小単位としても用いる。転じて「**追いついたと思った刹那、姿は消えていた**」のようにも使う。また「刹那主義」は、将来のことを考えずに、現在の瞬間ばかり充実させればいいという考え方である。

如実《にょじつ》に

そのままにということ。元来、仏教語で、「実のごとし」の意で実際の通りのこと。「**彼の性格を如実に示すものだ**」「**実力を如実に物語っている**」などと使う。「如来《にょらい》」「如法《にょほう》」「如意《にょい》」のように読む。

黄泉《よみ》

死後の世界。冥土のこと。中国で、地の色を黄に配するところから、「黄泉」と言う。すなわち地下にある泉という意味である。転じて冥土を指すのに用いられた。「**黄泉におもむく**」は死ぬこと。

桃源郷《とうげんきょう》

別天地のこと。世俗を離れた仙郷の意。武陵《ぶりょう》の漁夫が桃の林に迷い込んだところ、そこには秦《しん》代の乱を退けた者の子孫が、外界に煩わされることなく平和に隠れ住んでいたという。陶淵明《とうえんめい》の桃花源記にある故事から出た言葉。「**武陵桃源**」とも言う。

ねぎらう

骨折りに対して礼を言う。いたわること。「**労を心からねぎらう**」「**ねぎらいの言葉をかける**」などと使う。神などの心を安め、やわらげ、その加護を祈る意の古語「ねぎ」から出たものと言う（『岩波古語辞典』）。

第3章　知るほど語彙が豊かになる

「熟語」「ことわざ」「慣用句」

これだけは押さえておきたい！「熟語」クイズ？

【問題】①～④のうち、正しいと思う答えを1つ選んでください

正解はP268～P271

(1) 定石《じょうせき》

①極めて平凡なやり方
②きまりきったやり方
③大事をとったやり方
④奇想天外のやり方

(2) 雪辱《せつじょく》

①恥をすすぐこと
②心が晴れること
③敵を打ち破ること
④雪かきすること

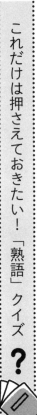

(3) 未曽有《みぞう》

①ごく大じかけなこと
②きわめて偉大なこと
③きわめて珍しいこと
④ひどく大騒ぎなこと

(4) 破天荒《はてんこう》

①すごい暴風雨
②前代未聞のこと
③世間を騒がすこと
④凡人にできないこと

(5) 千載一遇《せんざいいちぐう》

①いつも丁寧《ていねい》にもてなすこと
②めったにない機会に出会うこと
③たやすくは知られないもの
④多くの中から選び出されたもの

(6) 唯唯諾諾《いいだくだく》

①喜び勇んで仕事をすること
②はいはいと他人の命令に従うこと
③何事も恐れずに前進すること
④他の事には全然目を向けないこと

(7) 臥薪嘗胆《がしんしょうたん》

①いろいろ多くの経験を積むこと
②非常な苦心、苦労を重ねること
③くよくよと心をいためること
④すいも甘いも心得ていること

(8) 慇懃無礼《いんぎんぶれい》

①丁寧だけれどもまだ充分ではないこと
②うわべは丁寧であるが実は尊大なこと
③部下に対していばりたがること
④態度がいかにもひややかなこと

⑼ 白河夜船《しらかわよふね》

①短時間で目的地に到着すること
②おしのびで旅に出ること
③眠っていてめでたい夢を見ること
④熟睡していて何も気づかぬこと

⑽ 虎視眈眈《こしたんたん》

①機会をねらっているさま
②にらみつけているさま
③いばりかえっているさま
④きょろきょろ見回すさま

【解答】

(1)定石　②きまりきったやり方。
もと、囲碁の用語で、古来の研究の結果、最善と考えられている打ち方のこと。将棋用語では「定跡」と書く。「**あまりにも定石どおりのやり方だ**」などと使う。

(2)雪辱　①恥をすすぐこと。
「辱」は「はじ」の意、「雪」は「すすぐ」の意。「**去年の敗戦の雪辱を果した**」「**雪辱を討る**」「**雪辱戦**」などと使う。「雪辱する」と動詞としても使う。

(3)未曽有　③きわめて珍しいこと。
「いまだかつてあらず」ということ。「ミゾウ」と読むのが正しい。「ミソユウ」などというのは誤りである。「**未曽有の大地震**」「**未曽有の大戦**」などと言う。

⑷破天荒　②前代未聞のこと。

いまだかつてなく、初めて見聞きするようなこと。「**破天荒の人出**」「**破天荒の大安売**」などと言う。昔、中国のある地方では、中央で行われる試験に人材を送ってもなかなか及第しなかった。それを「天荒」と呼んでいたが、たまたま、ある一人が及第したので、これを「破天荒」と呼んだという故事から出たものと言われる。また、ある説では、「天荒」は天地未開の時の混沌たるさまで、「破天荒」はこれをやぶりひらく意だと言う。

⑸千載一遇　②めったにない機会に出会うこと。

「載」は「歳」と同じで、「千載」は千年、「一遇」は一度会うこと。千年に一回ぐらいしかない極めて少ない好機会のことを言う。「**千載一遇の好機会にめぐりあう**」などと使う。なお、「千載の一遇」とも言う。

(6)唯唯諾諾　②はいはいと他人の命令に従うこと。少しも逆らわずに、相手の言いなりになること。「唯」は、元来、はいと返事する声を表わすものであり、「諾」は、承知することである。「**唯唯諾諾として命令に服する**」などと使う。事の是非にかかわらず、他の人の意見に盲従することである。

(7)臥薪嘗胆　②非常な苦心、苦労を重ねること。中国の春秋時代に、呉王夫差《ふさ》が、越王勾践《こうせん》を討って父の仇を報じようと、常にたきぎの中に寝て身を苦しめたこと。また、越王勾践が呉を討って会稽《かいけい》の恥をそそごうとして、胆をときどき嘗《な》めては報復の志の鈍るのを戒めたという故事から。『史記』『呉越春秋』などに見える。

(8)慇懃無礼　②うわべは丁寧であるが実は尊大なこと。礼儀をつくそうという気持はなくて、うわべだけを丁寧にふるまうこと。「言

葉づかいは丁寧だが、慇懃無礼というものさ」などと言う。

「慇懃」は、ねんごろなこと、礼儀正しいことで、「慇懃にふるまう」のように使うものである。

⑼白河夜船　④熟睡していて何も気づかぬこと。
「白河」は「白川」とも書く。京都を見物したふりをする者が、京都の地名の白川のことを聞かれて、川のことと思い、夜船で通ったから知らないと答えたということから生れたもの。「**白河夜船で高いびき**」などと言う。

⑽虎視眈眈　①機会をねらっているさま。

「眈眈」は見おろすさまで、虎がはげしい目つきで見おろすさまということから、転じて、形勢を眺め、機会をねらっている様子を言うのに用いる。

「**虎視眈眈と機会をねらっていた**」などと言う。

間違って使っていませんか？「慣用句」クイズ

【問題】①〜④のうち、正しいと思う答えを1つ選んでください

正解はP276〜P279

(1) 水魚《すいぎょ》のまじわり

①ひどく水くさい仲
②むつまじい夫婦の仲
③ごく親しい交際
④通りいっぺんの交際

(2) 青菜《あおな》に塩《しお》

①生き生きとしたさま
②ひどくくたびれたさま
③泣き悲しむさま
④うちしおれたさま

(3) 鼻持《はなもち》がならぬ

①たいへん愉快である
②とても息苦しい
③お粗末きわまりない
④見聞くに堪えない

(4) 短兵急《たんぺいきゅう》に

①やにわに
②ひょっこり
③しきりに
④そわそわと

(5) けちをつける

①悪い所をさらけ出す
②難題を吹きかける
③欠点をあげてけなす
④むやみに悪く言う

(6) 目白押《めじろお》し

①ぎっしり並んださま
②長々と続いたさま
③後ろから押すさま
④次々と倒れるさま

(7) たかをくくる

①苦心する
②節約する
③制止する
④軽視する

(8) 俎上《そじょう》にのせる

①値上げの運動をする
②充分考慮のうちに入れる
③批評するために取り上げる
④存在価値を充分認める

⑼ 業《ごう》をにやす

①しょんぼりとする
②心がいらいらする
③ひどく弱気になる
④胸がどきどきする

⑽ 箔《はく》がつく

①いちだんと体力が充実する
②以前よりもさらに美しくなる
③りっぱなものと一般に認められる
④外側の見かけだけがよくなる

【解答】

⑴水魚のまじわり　③ごく親しい交際。

水と魚との関係のように切っても切れない親密な交際。「蜀志」に劉備《りゅうび》の言葉として「孤之有《ルハ》二孔明一猶《ナホ》《ゴトシ》二魚之有《ルガ》一レ水」（孤の孔明あるは、なお魚の水あるがごとし）とあることから出た言葉。

⑵青菜に塩　④うちしおれたさま。

青菜に塩をふりかけるとしおれることから、人が力なくうちしおれた状態になるのを言う。「**小言を言われて青菜に塩さ**」などと使う。

⑶鼻持がならぬ　④見聞くに堪えない。

臭気が堪えきれないほどひどいということからであろう。「**彼の行動は鼻持がならぬ**」などと言う。どちらかというと、いやみがあるという気持の場合に使う。「**彼のやり方は全くきざで鼻持がならない**」などと使う。

⑷短兵急に　①やにわに。

「にわかに」「だしぬけに」の意。「短兵」は短い武器のことで、刀剣の類をさす。槍のようなもの（これを「長兵《ちょうへい》」と言う）ではなく、刀剣をふるって、急に敵に迫るという意。「**相手に短兵急に迫る**」などと言う。

⑸けちをつける　③欠点をあげてけなす。

「**一々仕事にけちをつける**」「**せっかくしようとすることに、けちをつける**」などと言う。また、縁起の悪いことや、いやなことをして幸先を悪くする意にも使う。「けちがつく」とも言うが、これは縁起の悪いことが起る、よくないことが起ってうまく運ばないという意である。なお、「けちな人」の「けち」は「吝嗇《りんしょく》な」「貧弱な」「つまらない」の意である。「けち」は「怪事（ケシ）」の転かと言われるが明らかではない。

⑹目白押し　①ぎっしり並んださま。込み合って押し合うさま。小鳥のメジロが樹上に並んで押し合う習性から生
れ出た表現である。「**目白押しに並ぶ**」などと言う。

⑺たかをくくる　④軽視する。
たいしたことはないと軽く見ること。見くびること。「**大事件にはなるまいと**
たかをくくる」「**彼にそんな実力はないとたかをくくっていた**」などと使う。
「たか」はもと、数量のことで、転じて程度の意にも使う。「たかが知れてい
る」という言い方もある。たいしたことはないという意である。

⑻組上にのせる　③批評するために取り上げる。
「俎」は「まないた」のこと。「俎上にのせる」は料理するために、魚などを
まないたの上にのせる意である。「俎上の魚」は、相手のなすがままになるよ
りほかない運命にあること。

⑨業をにやす　②心がいらいらする。

しゃくにさわって大いに気がいらだつこと。「**計画がちっともはかどらないので業をにやしている**」などと使う。また「業がにえる」とも言う。「にえる」は自動詞で「にやす」は他動詞である。

⑩箔がつく　③りっぱなものと一般に認められる。

値打ちや貫禄がつくことである。「箔」は、金・銀・銅などをたたいて紙のように薄く平らに延ばしたもの。そういう箔が表面に美しくつけられるというのが「箔がつく」のもとの意である。なお「**箔をつける**」とも言う。

❖読めますか？ 書けますか？ 四字熟語❖

海千山千《うみせんやません》

経験をつんだしたたかな者のこと。「**彼はその方面にかけては海千山千さ**」などと使う。海に千年、山に千年住んだ蛇は竜になるということから出た言葉。いろいろの経験をして世故に通じた老獪《ろうかい》な人をさして言う。

呉越同舟《ごえつどうしゅう》

仲の悪い者が一緒にいること。「**与党野党の議員たちが呉越同舟で本日視察旅行に出かけた**」などと使う。呉と越とは、共に中国における、昔の国名。

この呉と越は大変仲が悪かった。ことわざに言う「会稽《かいけい》の恥」（以前受けた恥）は、越王勾践《こうせん》が、呉王夫差《ふさ》と会稽山で戦い、とらえられて屈辱的な講和をしたことである。その仲の悪い呉と越とが一つ舟に乗るという意。

竜頭蛇尾《りゅうとうだび》

初めは盛んで終りは振わないこと。「**彼の計画も竜頭蛇尾に終った**」などと言う。頭は立派な竜だが、尾になると蛇の尾だという意。なお、「竜」の音は「リョウ」が正しく、「リュウ」は慣用音である。

天地無用《てんちむよう》

品物を荷造して運ぶ時に、さかさにしないように注意する文句として使う。なお「〇〇無用」と言うのには、「通り抜け無用」「小便無用」などがある。

一石二鳥《いっせきにちょう》

一つの石を投げただけで二鳥を同時にしとめるということで、一挙両得である。「**それは一石二鳥の良案だ**」などと言う。

四面楚歌《しめんそか》

敵の重囲の中におちいって助ける味方もいないこと。「**このごろは四面楚歌さ。だれひとり同情してくれるものがいないんだ**」などと使う。楚《そ》の項羽《こうう》が垓下《がいか》で漢軍および諸侯の兵に囲まれた時、夜、包囲軍の中から盛んに楚の歌が起ったのを聞いて、楚の民がすべて漢に降ったのかと驚いたという故事から出たもの。「十八史略」に出ている。

自画自賛《じがじさん》

自分のことをみずからほめること。もとは、自分が描いた絵に自分で賛をすること。絵にはしばしば、画面中に、詩文を書く。それが「賛」（「讃」とも書く）であり、その賛は他の人が書き加えることが少なくないが、自分自身で書いた場合が「自画自賛」というわけ。「自画自賛する」と動詞としても使う。**「当を得た政策と、政府では自画自賛している」**などと言う。

侃侃諤諤《かんかんがくがく》

少しも遠慮せずに直言すること。「侃侃」は剛直なさま、「諤諤」は正論を述べ立てるさま。普通「侃侃諤諤の論」などと言う。喧喧囂囂《けんけんごうごう》と発音がちょっと似ているところから、誤って仮名で「ケンケンガクガクの論」などと書かれることがある。喧喧囂囂の方は「がやがやとやかましいさま」の意。

針小棒大《しんしょうぼうだい》

針ほど小さい事がらを棒ほどに大きく言うという意。物事を大げさに言うこと。「**あの人の話は針小棒大のきらいがある**」などと使う。

日常茶飯事《にちじょうさはんじ》

「日常茶飯」は、日常の食事のこと。その食事のように、平凡でありふれたことが「日常茶飯事」である。「**彼にとってそんな事は日常茶飯事だ**」などと使う。誤ってチャハンジと言う人がある。

他力本願《たりきほんがん》

他の人の力を頼みとすること。「**すべて他力本願で仕事をしようとする**」など使う。もと、仏教語で、阿弥陀仏の本願の力のこと。またそれを自分の成仏《じょうぶつ》のたよりとすること。これに対して、自分自身の本願によって成仏をはかるのは自力本願《じりきほんがん》と言う。

羊頭狗肉《ようとうくにく》

「羊頭をかかげて狗肉を売る」ことで、羊の頭を看板に出して羊の肉を売るように見せかけ、実は犬の肉を売ること。すなわち、看板にはよい物を示して悪い物を売ることの意である。見かけだけで実質の伴わないものを言う。

後生大事《ごしょうだいじ》

物事をきわめて大切にすること。「**小さな荷物を後生大事にかかえている**」などと使う。「後生」は仏教で来世のこと。「後生大事」は来世の安楽を願い大切にすることである。

疑心暗鬼《ぎしんあんき》

疑ってありもせぬ事を考えること。「**お互いに疑心暗鬼の状態だからまとまりようがない**」などと使う。もと「列子」の「疑心、暗鬼を生ず」から出た言葉である。おそれ疑う心がある時は、ありもせぬ幻想を生じて、恐ろしい鬼の形を見るものだという意。「暗鬼」は、くらがりの鬼のことで、姿が見えない恐ろしい者のこと。

天衣無縫《てんいむほう》

もと、天人の着物には縫い目がないという意。詩文などで、技巧のあとがなく、自然のままで美しいことに使う。転じて、「**彼のふるまいは天衣無縫だ**」

などと人の性格や行動についても使う。

鎧袖一触《がいしゅういっしょく》

簡単に相手を打ち負かすこと。「**敵を鎧袖一触する**」などと言う。「鎧袖」は、よろいのそでのこと。「一触」は、ちょっと触れること。よろいのそでがちょっと触れただけで敵をやっつけてしまうという意。

馬耳東風《ばじとうふう》

人の言うことを心に留めないこと。「**何を言われても馬耳東風だ**」などと使う。もと、李白の詩にある。馬の耳に東風が吹いても、馬は少しも感じないという意味。「馬の耳に念仏」も同じ。

五里霧中《ごりむちゅう》

深い霧で方角がわからなくなってしまうこと、転じて、物事の事情がわからず、どうしてよいかわからなくなることである。「**どうしたらいいか全く五里霧中だ**」などと使う。後漢の張楷が、道術によって五里にわたる霧を起こした故事から出たもの。中国の一里は約六町であるから、五里は約三キロに当り、三キロ四方霧ということになる。

閑話休題《かんわきゅうだい》

「閑話」は、むだ話、「休題」は、話題を休止すること。「**話が脱線してしまいましたが、閑話休題、テキストの続きに戻りたいと思います**」といったように、話を本筋に戻す時に使う。もとは、本筋からはずれている話やむだ話をやめにすることで、「**あらまし世界の定《さだ》むるうちは、閑話休題として**」（『八笑人』）のように使った。なお「閑話休題」と漢字で書いて、それを「それはさておき」と読ませることもあった。

泰然自若《たいぜんじじゃく》

「泰」は、落ち着いて物事に動じないこと。「自若」は、大事に直面して少しも変らないさま。「若」は、そのままの意。「**泰然自若として外部の騒ぎには目もくれない**」などと使う。

切歯扼腕《せっしやくわん》

ひどくくやしがること。「**出し抜かれたと知り切歯扼腕する**」などと言う。「切歯」は、歯をくいしばること、「扼腕」は、自分のうでをにぎりしめること。

流《りゅう》言《げん》蜚《ひ》語《ご》

「流言」も「蜚語」も、出所の知れないうわさのこと。「**流言蜚語にまどわされるな**」などと言う。「蜚」は、元来、悪臭を放つ一種の虫のことで、「飛」と通じ、以前から「飛語」とも書いた。新聞などでは「蜚語」とは書かずに「飛語」とすることが多い。

傍《ぼう》若《じゃく》無《ぶ》人《じん》

人を顧慮することなく自分勝手にふるまうこと。「**実に傍若無人だ**」「**傍若無人ぶりに驚く**」などと使う。元来は、「傍《カタハラニ》若《ゴトシ》レ無《キガ》レ人」から出たもの。

優《ゆう》柔《じゅう》不《ふ》断《だん》

物事の決断がにぶいこと。**「優柔不断な性格が災いしている」「優柔不断なやり方」**などと使う。「優柔」は、本来、ものやさしいことだが、それから転じて、はきはきしない、煮え切らない意が生じた。「不断」は、断ぜずの意で、決断力、思い切りのないことである。

❖言葉の意味を人に披露したくなる 三字熟語❖

登竜門《とうりゅうもん》

出世の関門のこと。「**芥川賞は作家の登竜門だ**」などと言う。竜門は中国の黄河の上流にあって、そこをのぼった鯉《こい》は竜になると言う。

大黒柱《だいこくばしら》

大黒柱は元来、家屋の中心の支えとなる太い柱のこと。「**大黒柱がしっかりしているから大丈夫だ**」などと言う。転じて比喩《ひゆ》的に一家などの支えとなる人を言うのに用いるようになった。ただし、一家・団体の支えとなっている人物と言っても、必ずしもそこの「長」とは限らない。「チームの大黒柱だ」などと使う。

第六感《だいろっかん》

「第六感を働かす」などと言う。目（視覚）・耳（聴覚）・鼻（嗅覚）・舌（味覚）・皮膚（触覚）という五官のほかにあるとされる感覚。鋭く物事の本質をつかむ心の動きのこと。

三国一《さんごくいち》

世界で一番のこと。「**三国一の強者**」「**富士山は間違いなく三国一である**」などと使う。「三国」は、日本と唐《から》（中国）と天竺《てんじく》（インド）のことで、昔、この三国で世界が構成されていると考えていた。従って、「三国一」は「世界

―」ということになる。

下馬評《げばひょう》

世間の評判のこと。「○○氏が大臣になるという、もっぱらの下馬評だ」などと使う。もと、城門などの下馬すべき場所で、主人を待っている供の家来たちが評判し合うこと。

試金石《しきんせき》

値うちをためすもの。ある物事の価値、人物の力量を見きわめる試験になるような物事。「この事業が成功するかどうかの試金石だ」などと使う。もと、金の品質を試験し、判定するのに使う石。黒色で硬度の高い、珪酸《けいさん》を主成分とする石で、金の表面をこすって、その面に現われた筋あとなどできめる。

急先鋒《きゅうせんぽう》

「鋒」は武器の一つの「ほこ」、または「ほこさき」。「急先鋒」は第一線に立って勢いよく進む人のこと。転じて、戦場に限らず一般の場合についても言うようになった。**「反対運動の急先鋒」**などと使う。

御曹司《おんぞうし》

名家の子息。**「彼は○○家の御曹司だ」**などと使う。「御曹子」とも書く。もと堂上家《どうじょうけ》（公家の家柄）の部屋住みの子の敬称。「曹司」は元来、禁中、または役所の官吏や女官の用部屋のことである。

有頂天《うちょうてん》

得意の絶頂。また、喜びなどで夢中になっていること。「**優勝して有頂天になる**」などと使う。「有頂天」は元来、仏教で、九天の中での最上の天を言う。形ある世界の最上に位する。

皮算用《かわざんよう》

「とらぬたぬきの皮算用」から出たもの。また、実際の結果がわからないうちから、あれこれと期待をかけて計算すること。「**それは単なる皮算用に過ぎない**」などと使う。「皮算用」は言うまでもなく、皮がいくら取れるか、いくらになるかを計算することである。

青田買《あおたがい》

まだ稲が青々としているうちに、収穫高を見越して米を買うこと。売り手のほうからは「青田売（うり）」と言い、この商談を「青田買（かい）」と称する。比喩的に、まだ卒業期もはるか先のうちに、会社などが学生の採用をきめたりするのを、「青田買」と称している。なお、この「青田買」をもじって「青田刈」という語の行われたことがある。古くから「青刈」（作物の成熟しないうちに青草として刈り取ること）という語があるので、この「青刈」と「青田買」とを混同して「青田刈」が作られたのかも知れない。

不調法《ぶちょうほう》

行きとどかないこと。「**不調法で申しわけない**」などと言う。酒やたばこが飲めず、相手に勧められたのを辞退する時、「**私は不調法ですから**」と言うのは、お相手ができなくて申しわけないという心持ちからであろうか。「調法」は、元来、便利なことの意だが、「重宝」とも書く。もとは、大事な宝ものの意であろう。なお、「不調法（重宝）」は、「無調法（重宝）」とも書く。「不」と「無」との両方が使われるものには、ほかに「不器量・無器量」「不作法・無作法」などがある。

不《ふ》文律《ぶんりつ》

互いに、暗黙のうちに了解しあっているきまり。「**パーティーでは人の悪口は言わないのが不文律になっている**」などと使う。「不文法」とも言う。「律」は、きまりの意、「不文」は、文書の形式をとらないことで、「不文律」は、文書の形式をとらずに慣習的にきまっているもの。これを「慣習法」と言うこともある。文章にしたのは「成文法」である。

荒療治《あらりょうじ》

「療治」は「治療」と同じく、病気やけがを治すこと。「荒療治」は、手荒い療治、思い切ったやり方の処置のことである。比喩的に「**よほどの荒療治をしなければ会社の再建はおぼつかない**」などと使う。

御破算《ごはさん》

やり直しの状態。算盤用語。算盤のたまを全部もとに戻すこと。読み上げて算盤に入れさせるとき、「御破算で願いましては」と言って、もとへ戻させる。「**今までのことは御破算にする**（**白紙の状態に戻す**）」、また、「**今まで苦心したこともすっかり御破算だ**」のように使う。

❖ 使えると「できる！」と思われる ことわざ ❖

紺屋《こんや》のあさって

約束の期限があてにならないこと。紺屋（染物屋）では、仕事が天候に左右される関係上、でき上がりの日をきめておいても、なかなかその通りには仕上がらないところから起ったことわざ。「紺屋」は「こうや」とも「こんや」とも言う。

のれんに腕押《うでお》し

「のれん」は上から垂らしてある布。これを押したところで手応えはない。

「のれんと相撲」ということわざもある。なお「のれん」は、商店の軒先や出入り口にあって、多く屋号などを染め抜く。そこで「のれん」は「店の信用にかかわる」の意として使われる。また信用にかかわるようなことをした場合、**「のれんにきずがつく」**という表現をする。なお、「のれん」は「暖簾」と書く。鎌倉時代に禅宗と共に日本に入った語であり、唐音《とういん》である。もと、簾《す》のすきまを覆う布のとばりのことであるという。

河童《かっぱ》の川流《かわなが》れ

本来泳ぎのうまいはずの河童が、流れに押し流されるということ。その道の達人が、時に失敗することのたとえに使われる。**「彼が損をするなんて、まさに河童の川流れというところだ」**。なお、「猿も木から落ちる」「上手《じょうず》の手から水がもれる」というのも大体同じ意である。

寝《ね》耳《みみ》に水《みず》

「寝耳」は睡眠中の耳の意。その睡眠中に突然、大水が出たという知らせを受けてびっくりするという意で、突然起った事件に驚くことをたとえて言う。**「今度の転任は寝耳に水だった」「寝耳に水の大騒ぎだった」**などと言う。なお、寝ている時、耳に水が入ってきてびっくりすることからだという説もある。

ごまめの歯《は》ぎしり

力の及ばない者が憤慨することのたとえ。「ごまめ」はカタクチイワシの幼魚を干したもの。田作《たづくり》とも言われる。「歯ぎしり」は言うまでもなく歯を強くかみ合わせてきりきり言わせること。

なお、**「ごまめのととまじり」**ということわざもある。「とと」は魚のこと。

身分の高いものの中に不相応に入りまじっていること。「**ざこのととまじり**」とも言う。

馬《うま》の耳《みみ》に念仏《ねんぶつ》

馬には、ありがたい念仏を聞かせたところで少しもきき目がないという意から。「**いくら忠告しても馬の耳に念仏だからいやになる**」などと使う。

なお、同じような意味を「馬の耳に風」とも言う。

知《し》らぬが仏《ほとけ》

知っていればそうはできないだろうが、知らないということが強みで、少しも気にしないでいること。「**知らぬが仏さ。何もわざわざ知らせる必要もないよ**」などと使う。仏というものは慈悲深く、純真無邪気な存在であるからである。

紺屋《こんや》の白袴《しろばかま》

他人の世話ばかりして自分のことは顧みないこと。紺屋は染め物をするのが商売であるが、他人の染め物ばかりしていて、自分用の袴は白いのをそのまま使っているという意味で作られたことわざ。「紺屋」は「コウヤ」とも「コンヤ」とも言う。

ひょうたんからこま

正しくは「**ひょうたんからこまが出る**」である。「ひょうたん」は「瓢箪」と書く。ウリ科の植物のヒョウタンの実の中身を取り除いて、干して固め、酒などを入れる器としたものである。その瓢箪から「こま（駒）」が出たというもので、意外な物から意外な物が飛び出すことのたとえにしたものである。冗談半分のことが事実となってしまったような場合に使う。

火中《かちゅう》の栗《くり》を拾《ひろ》う

進んで危険なことをすること。「**彼はなかなか賢いから、わざわざ火中の栗を拾うようなまねはしないだろう**」などと使う。火中の栗を拾えば、やけどをする危険性がある。もともとフランスのことわざから伝わったと言う。

生馬《いきうま》の目《め》を抜《ぬ》く

生きている馬の目を抜き取るということで、すごくすばやいさまを言う。「**東京は生馬の目を抜く恐ろしい所だ**」などと使う。

鬼《おに》の霍乱《かくらん》

平素丈夫な人が病気にかかること。「霍乱」は漢方で日射病のことを言う。

白羽《しらは》の矢《や》を立《た》てる

これぞと思う人を選ぶこと。「**今度の交渉の使節として白羽の矢を立てられた**」などと言う。昔、人身御供《ひとみごくう》を求める神が、これだと定めた少女の住む家の屋根に白羽の矢を立てたという俗信から出たもの。

馬《うま》を牛《うし》に乗《の》りかえる

すぐれたものを捨てて劣ったものに替えること。走ることが速い馬を、おそい牛に乗り替えるという意味でできたことわざ。劣ったものを捨てて、すぐれたものに替えることは、「**牛を馬に乗りかえる**」と言う。

猫《ねこ》に小判《こばん》

特に、それを持つ人いかんでは、りっぱなものも役に立たないことに言う。「**横山大観の絵など、彼には猫に小判だ**」などと使う。小判は金貨。一枚が一両に当たる。その小判は人間にとってはありがたいものだが、猫にとっては何の役にも立たないという意。

枯《か》れ木《き》も山《やま》のにぎわい

どんなものでも、ないよりはましなこと。従って、「枯木も山のにぎわいですからご出席ください」などと他の人に言うのは大変失礼なことになる。本来、「**枯木も山のにぎわいだから、こんな品物も並べておくのさ**」、また謙遜《けんそん》して「**枯れ木も山のにぎわいだから私も出席するよ**」などと使うものである。「枯れ木」はちっとも見ばえしないが、それでもまったくないよりは山のにぎやかしになるという意である。

からすの行水《ぎょうずい》

大急ぎで入浴をすますたとえ。湯から出て来た人に対して「**もうあがったの。まるでからすの行水だね**」などと言う。「行水」は、もちろん、湯や水をあびてからだを清めること。

油《あぶら》を売《う》る

用事の途中でなまけて時間をつぶすこと。江戸時代、髪油を売る商人が、ゆっくり話し込みながら商売をしたからとも言い、また、油は、酒や水とは違

って、流し込みながら分量を計るのに時間がかかるからとも言う。古川柳に、

江戸の水のむと油を売りたがり

というのがある。地方から出て来た小僧などが、江戸になれると、使いの途中などで、とかく、油を売るようになるという意。

つめに火《ひ》をとぼす

蠟燭《ろうそく》の代りに、つめに火をとぼすほどけちという意。「**つめに火をとぼすような暮らし**」などと言う。なお、「とぼす」は「ともす」とも言う。

閑古鳥《かんこどり》が鳴《な》く

物寂しいさまで、特に商売などがはやらない時の様子を言うのに用いる。「閑古鳥」は郭公《かっこう》のこと。恐らく「かっこうどり」を「かんこどり」となまった

ものであろう。郭公は、カッコウと鳴くが、その鳴き声は古来寂しいものとされている。

刎頸《ふんけい》の交《まじ》わり

「刎」は、はねる意で、「刎頸」は首をはねることである。生死を共にし、自分の首を斬られるのも悔いないほどの親しい交わりを言う。「**刎頸の友**」という語もある。

怪我《けが》の功名《こうみょう》

何気なしにしたことが偶然に好結果を産むこと。この「怪我」は、あやまち、思いがけない事が起った意。「怪我」は、現在、負傷を意味するが、本来は、あやまち、過失の意で、過失の結果負傷するというところから、負傷の意に転じたのである。

二足《にそく》のわらじをはく

両立しない二つの職業を兼ねること。たとえば、ばくち打ちが、十手を預って悪者をとらえる役目をしたりすること。「二足のわらじ」は言うまでもなく、一足のわらじのほかに別の一足のわらじをはくという意である。

青天《せいてん》の霹靂《へきれき》

青く晴れた空に突然雷が鳴りひびくこと。突然に起った大事件のこと。「**彼の死は青天の霹靂だった**」などと言う。「霹靂」は急に雷が激しく鳴ること。「疾雷」のこと。また、大きな音をも指す。

一矢《いっし》をむくいる

反論すること。「**ようやく一矢をむくいることができた**」などと使う。もと、敵からの攻撃に対して、一本の矢を射て、いささか仕返しをすることである。

逆鱗《げきりん》にふれる

目上の人の怒りを買うこと。「**師の逆鱗にふれた**」などと使う。竜のあごの下にさかさに生えたうろこが一枚あって、人がこれにふれると、竜は怒って人を殺すという故事（『韓非子』）による。

焼石《やけいし》に水《みず》

少しばかりで効果のないことのたとえ。正しくは、「**焼石に水をかける**」と言うものである。「**それっぱかりの金じゃ焼石に水だ**」などと使う。真赤に焼けた石に少しばかり水をそそいでも蒸発してしまうばかりで、焼けているのをしずめる効果はないという気持の表現である。

端倪《たんげい》すべからず

とても推測できないこと。「**端倪すべからざる人物**」のように使う。「端」は、いとぐち、「倪」は、田の終る所で「端倪」は事の始めと終りとの意である。転じて、物事の成り行きを見通すことができないことをいう。

琴瑟相和《きんしつあいわ》す

「瑟」は、大きな琴のことで、琴と瑟とを弾き合わせて、その音がよく相和するように夫婦仲のよいことを言う。

「**必ず満身の愛を捧げて琴瑟調和の実を挙げらるるに相違ない**」（漱石『吾輩《わがはい》は猫である』）のように、「琴瑟相和す」のほかに「琴瑟調和」とか「琴瑟の調べ」「琴瑟の交わり」と言った言い方もある。

「瑟」の音はヒツではなく、シツである。

肝胆相照《かんたんあいて》らす

心を打ち明けて親しく交わること。「**肝胆相照らす仲だ**」などと言う。「肝胆」は、肝臓と胆嚢《たんのう》のことで、転じて、心の中、心の底を意味する。

竹馬《ちくば》の友《とも》

幼い時の友達。竹馬に乗ったりして、一緒に遊び合った幼友達のこと。「**彼は**

私の竹馬の友だ」などと言う。ただし、この語は漢籍から出たものであるから、タケウマノトモとは言わない。必ず、チクバノトモと言う。

なお、漢籍には「竹馬《ちくば》の好《よしみ》」という語も出てくる。

元《もと》の木阿弥《もくあみ》

もとの状態のままであること。「**また元の木阿弥になってしまった**」などと言う。語源については、戦国時代の城主筒井順昭が二十八歳で病死、あとつぎの子供（後の順慶）がわずか一歳だったので、死を隠して順昭に似た木阿弥を使って病気で寝ていることにし、あとつぎの順慶が三歳になった時に初めて喪を発したので、木阿弥は、もとの生活に戻ったという話から出たと言う。

漁夫《ぎょふ》の利《り》

鷸《しぎ》と蚌《はまぐり》とが争う（これを「鷸蚌《いつぼう》の争い」と言う）間に、両方ともに漁夫（漁民）に捕られたように、双方争っているすきに、他の者が労せずして利益を得ること。戦国策に出ている。「**漁夫の利を占める**」などと使う。

❖ 語彙力を他人に自慢したくなる 慣用句 ❖

固唾《かたず》をのむ

事の成り行きを心配して緊張している様子。「**勝敗の行方を固唾をのんで見守る**」などと言う。「固唾」は、緊張した時などに口中にたまるつばのこと。歴史的仮名遣では、「かたづ」であって、「つ」は、つばきのことである。口中につばきがたまったものという意で「かた」を付けたのであろう。

焦眉《しょうび》の急《きゅう》

「焦眉」はまゆをこがすこと。まゆをこがすほど火が迫っているということで、大いに危急を告げている状態を言う。「**道路を作ることが焦眉の急だ**」などと使う。

二《に》の足《あし》を踏《ふ》む

躊躇《ちゅうちょ》すること。進むのをためらうこと。「**一億円もかかるとなると、二の足を踏まざるをえない**」などと言う。

袂《たもと》をわかつ

人と別れること。同じ意味を表わすものに漢語の「訣別《けつべつ》」がある。なお、別れる意から転じて交友関係を絶つような場合にも使う。「**親友の二人は政治上の意見の相違からついに袂をわかつようになった**」などと使う。

お茶《ちゃ》をにごす

その場をごまかすこと。抹茶の点《た》て方をよく知らない者が、いいかげんにお茶を点ててその場をつくろったことからと言われる。「**わずかなお礼でお茶をにごす**」などと使う。

因果《いんが》をふくめる

仏教では因果応報の理を説くが、「因果をふくめる」は、原因があれば結果のあることを説き聞かせること。転じて、物事の始終を言い聞かせて、仕方がないことと納得させ、あきらめさせる意に使う。「**子供たちには因果をふくめて郷里に残してきた**」などと使う。

ごたくを並《なら》べる

くどくどと言いたてること。「**しきりとごたくを並べる**」などと言う。また、他の人がしゃべることをあざけって「ごたくを並べる」と言うこともある。なお「**ごたくを聞かされる**」という言い方もする。「ごたく」は「御託宣」の略であると言われる。「御託宣」は、神が人に乗り移ったり夢に現われたりして神意を告げ知らせることであり、いわゆる神のおつげである。

さばをよむ

数量をごまかすこと。「**さばをよんで二十九歳と答えた**」などと使う。「さば」は魚の鯖のことで、「よむ」は「かぞえる」の意。魚を数える際、手早く数をかぞえて数をごまかすからと言われる。「さばよみ」という名詞形もある。元来、鯖などは二つを一連として数えたからという説や、魚市場をイサバと言うので、イサバヨミが略されて「さばよみ」が生れたという説がある。

だだをこねる

むずかること。子供があまえてわがままを言うこと。「だだ」はしばしば「駄駄」と書かれた。「こねる」は元来、「どろをこねる」「粉をこねる」の「こねる」である。**「だだをこねて手の付けようがない」**などと言う。なお、だだをこねる子が「だだっ子」である。「だだ」は「じだんだ」「じだだ」から変化した語と言われる。「いやだとだだを踏む泥」（雑俳）というのがある。ただし、「いやだいやだ」の略かという説（大言海）もある。

じだんだをふむ

くやしがる動作。激しく足踏みすること。**「ついに間に合わなくて、じだん**

だをふんでくやしがった」のように使う。「じだんだ」は「地団駄」とも書かれたが、「じたたら」の転だと言う。「じたたら」は、足で踏んで空気を送る大きなふいごのことである。

うつつをぬかす

物事に心を奪われて夢中になる。気をとられてうっとりとなること。「**音楽にうつつをぬかす**」などと使う。この場合の「うつつ」は、たましいというほどの意であるが、元来「うつつ」は「夢かうつつか」と使われるように、現実の状態、目ざめている状態を言う。

溜飲《りゅういん》がさがる

気分がせいせいすること。「**試合に勝って溜飲がさがった**」などと使う。また

「溜飲をさげる」とも言う。「溜飲」は、飲食物が胃の中にたまってすっぱい液の出る状態で、それが消え失せるのが「溜飲がさがる」「溜飲をさげる」である。

隅《すみ》におけない

ばかにはできないこと。案外に技倆《ぎりょう》がすぐれていたり、物を知っていたりした場合に、この言い方を使う。「**一見おとなしそうだが、隅にはおけない人間だ**」などと言う。もとは、室などの片隅には置いておけない、堂々とよく見えるところに置かなければならないものだという気持から出たものであろう。

檄《げき》を飛《と》ばす

諸方に呼びかける。特に文章でうながすことである。その文章を「檄文」と言う。「檄」は、もと、人を召し集めるのに用いた木札のこと。「**檄を飛ばして人を集める**」などと使う。

不《ふ》覚《かく》をとる

油断して恥をかくこと。「**子供とあなどって不覚をとった**」などと使う。「不覚」は、精神の確かでないこと、覚悟の確かでないこと。「**不覚にも戦いに敗れた**」とか「**不覚の涙がこぼれる**」のようにも使う。これは、思わず知らずすることとの意である。「不覚」は、もとは、正体を失うこと、人事不省におちいること。「**前後不覚に眠る**」などと言う。

ほぞを固《かた》める

固く決心する。覚悟をきめること。「**いよいよ移住するほぞを固めた**」のように使う。「ほぞ」は、へそのことである。古くは「ほぞ」だけでも、決心、本心、あるいは計略などの意で使った。

にっちもさっちもいかぬ

行きづまって動きがとれないこと。「**金がなくて、にっちもさっちもいかぬ**」などと言う。元来は「二進も三進もいかぬ」で、「二進」「三進」は、そろばんの割算の九九で、「二進が一十《いっしん》」「三進が一十」と言う。そういう九九を使って、どのように計算しても、うまくいかないという点で、「二進も三進もいかぬ」、あるいは「二進も三進もならぬ」と言った。その「二進」「三進」が「にっち」「さっち」と発音されたもの。

ひけをとる

おくれをとる。おとること。「**彼ならば決してひけはとるまい**」などと使う。「ひけ」は「気がひける」などと使う「ひける」の連用形で、物事におくれをとること、敗北という意がある。

常軌《じょうき》を逸《いっ》する

普通のやり方からはずれる。常識はずれなことをする。「**常軌を逸した行動**」などと使う。「軌」は元来、二つの車輪の間の距離を言い、転じて道のことを指す。すなわち「常軌」は「常道」に同じ。普通に踏むべき道、常に行うべき道の意である。

ほとぼりがさめる

興奮の名残りが消えること。「**時間がたったので、ほとぼりもさめるころだ**」のように言う。なお、事件などに関する世間の注目や関心がなくなる場合にも使う。「事件もすっかりほとぼりがさめた」などと使う。「ほとぼり」は、もと、余熱のことである。

らちがあかない

決着がつかない。物事がはかどらないこと。「**いくら交渉してもらちがあかない**」などと言う。「らち」は「埒」で、馬場の周囲の柵のことである。その柵の開くのが「らちがあく」である。「らちがあかない」は、一説に賀茂の競馬《くらべうま》の見物人が馬場の柵の開くのを待ちくたびれたことから起ったと言う。物事がはかどること、きまりがつくことを「らちがあく」と言うが、これは

「らちがあかない」という言い方がまず成立して、そのあとで作られた表現とみるべきであろう。

あわを吹《ふ》かす

人をあっと言わせること。「**今度こそあいつにあわを吹かしてやる**」などと使う。また、驚きあわてることを「あわを食う」と言う。「あわ」は「あぶく」のことであろうが、この場合のは口のあたりにつく、つばのあぶくのことか。

ひょうたんなまず

要領を得ないこと。「**瓢箪《ひょうたん》で鯰《なまず》を押える**」から出たもの。「瓢箪」は、ウリ科の一年生植物であるヒョウタンの実の、中の果肉をとって酒などを入れる器としたもの。中ほどがくびれていて、上下がふくらんだ瓢箪を、すべすべに磨く。「なまず」は淡水魚で体表は滑らかで鱗がない。瓢箪で、そういうなまずを押えようとしてもなかなかうまくいくものではない。そこで、つかまえどころがないことのたとえに使われる。

かさにかかる

威圧的な態度をとること。また、優越的な態度で他人にのぞむこと。この場合の「かさ」は物の容積のことである。優勢であるのに乗ずる。「**かさにかかって敵を攻めたてる**」「**かさにかかった、ものの言い方をする**」などと使う。

たてをつく

反抗する。さからうこと。「**親にたてをつく**」などと使う。もとは、敵の矢を防ぐために楯《たて》を立てることであって、その結果、「対抗する」というような意味が生じた。なお、「たてつく」ともいう。「親にたてつくようなことはしない」などと言う。

烙印《らくいん》をおされる

はっきりと評価されること。消し去ることのできない評価や評判が与えられる意に使う。「**不正直という烙印をおされた**」などと言う。「烙」は焼く意。「烙印」は「焼きはん」のこと。金属で作り、火で熱して物に押す印。もと、牛馬の体に押した。

推敲《すいこう》

文章の表現をよく練ること。「**推敲に推敲を重ねる**」などと使う。唐の詩人賈《か》島《とう》が、始め「僧ハ推《オス》月下ノ門」という句を作ったが、「推」を「敲」にするかどうか迷って、韓愈にたずね、結局「敲」にしたという故事から出たものである。「敲」は、たたく意である。

なお、常用漢字表に「敲」の字が含まれていないので「推考」と書き改めようとしたが、この書き替えは無理のようである。

累《るい》を及《およ》ぼす

巻き添えにすること。「**親にまで累を及ぼす結果となった**」のように使う。
「累」には、縛る、わずらわす、かかわる等の意がある。

歯牙《しが》にかけない

全然問題にしないこと。「**人の批判などは歯牙にもかけない**」などと言う。

「歯牙」は「口の中」の「は」のことで、「歯牙にかけない」は、食べようとしない意であろう。あるいは「歯牙」は、言葉、口先、口の端の意に使うこともあるから、特に言葉に出して言わない意かも知れない。

さじを投《な》げる

この場合の「さじ」は、薬を盛るさじのことで、元来、医者が治療の方法がないと診断すること。転じて、いくらやってもむだだと断念すること。「**あの子の教育にはすっかりさじを投げてしまった**」などと言う。

舌鼓《したつづみ》を打《う》つ

味のうまさに感嘆すること。もとは、「**山海の珍味に一同舌鼓を打った**」などと言う。うまいものを食べた時に、味がよくて舌を鳴らすことである。この舌を鳴らすのを、楽器の鼓《つづみ》を打つことになぞらえた表現。実際に舌を鳴らさないでも、うまさに堪能した時に使う。「舌鼓を鳴らす」というのがあるが、これも「舌鼓を打つ」と同じ意味で使う。なお、不愉快や不満を感じて、舌打ちをするのを「舌鼓を打つ」「舌鼓を鳴らす」とも言う。

おくびにも出《だ》さない

少しも様子に見せないこと。「**仲の悪いことなどはおくびにも出さない**」「**困っていることをおくびにも出さない**」などと言う。「おくび」はもちろん、げっぷのこと。「おくびにも出さない」は、元来、少しも口外しないことの意である。「**蕨《わらび》のおくび伯夷叔斉《はくいしゅくせい》**」（雑俳）は、周の初の人、伯夷叔斉の兄弟が、諫《いさ》めを聞き入れられなかったため山中に隠れた故事に基づくもので、山中でさんざんわらびでも食べていたことだろうとしたもの。

のしをつけてやる

喜んで進呈すること。「**喜んでのしをつけてやる**」などと使う。元来「のし」は「のしあわび」の略である。あわびの肉を薄くはぎ、伸ばして乾かしたものが「のしあわび」で、初めは食料として用いたが、また、祝意を表わすために進物に添えた。この祝意を表するためのものは、紙の中に小さく切った「のしあわび」を入れた。後に紙に代えられた。「のし」は、「熨斗」または「熨」と書いた。

始末《しまつ》をつける

あとかたづけをすること。「**やっと始末をつけることができた**」などと言う。また「始末がついた」とも使う。言うまでもなく、「始」は、はじめ、「末」は、おわりのことで、はじめとおわり、あるいは、はじめからおわりまでの意で、転じて、はじめおわりを整えること、きちんとすること、すなわち、しめくくりの意となった。処理できないことを「始末におえない」とも言う。

佳境《かきょう》に入《い》る

なんとも言えないすばらしい所、すぐれた所、おもしろい所の意。「**話がいよいよ佳境に入る**」などと言う。「佳」は、よいという意。

たで食《く》う虫《むし》もすきずき

人の好みはさまざま。もの好きな者のたとえとする。「たで」は、漢字で「蓼」と書き、タデ科の植物の総称である。ヤナギタデ・アザブタデ・ホソバタデなどがある。特有の辛みがある。

のべつ幕《まく》なし

切れ目なしに続くこと。「**のべつ幕なしに食べている**」などと使う。もと、芝居で、幕を引くことなしに、休みなく続けざまに演ずることである。「のべつ」が、ひっきりなしの意を持っている。「のべつにたばこを飲む」「のべつにしゃべって居て」（漱石『吾輩《わがはい》は猫である』）などと言う。その「のべつ」に「幕なし」を付けたもの。

ごぼうぬき

「ごぼう」は野菜の「牛蒡」のことで、畑の牛蒡をぬき取るように、強引に引きぬくこと。「**人材をごぼうぬきにする**」などと言う。また「**前の走者三人をごぼうぬきにして一着になった**」などとも使う。

鼻《はな》をあかす

だしぬいてあっと言わせること。「**高慢ちきなあいつの鼻をあかしてやるぞ**」などと言う。江戸時代には、だしぬかれることを「鼻が明く」と言ったらしい。

算《さん》を乱《みだ》す

ばらばらに散ること。「**算を乱して逃げる**」などと使う。「算」は、「算木」（計算のための、竹や木で作った小さな棒）のことで、算木を散らすことから「算を乱す」という語が生れた。「算を散らす」とも言う。

口火《くちび》を切《き》る

物事を一番に始めること。「**話し合いの口火を切った**」「**戦いの口火を切ったのはA国だ**」などと言う。もと、「口火」は、旧式の鉄砲の火蓋《ひぶた》に火をつけたり、爆薬を爆発させるために火をつけることである。「口火をつける」とも言われたようである。

やぶから棒《ぼう》

だしぬけなことのたとえ。「やぶから棒を出す」の略で、やぶの中からいきなり棒を突き出すという意味である。「**やぶから棒の申し出に驚いた**」「**やぶから棒なので、急には答えられなかった**」「**やぶから棒に言い出す**」などと使う。

どすをきかす

「どす」は、懐中に隠して持つ短刀、あるいはあいくち（つばのない短刀）の類である。懐中にどすを持っているのを「どすを呑《の》む」と言うが、そういうそぶりをして相手にすごんで見せるのが「どすをきかす」。転じて「**どすをきかした声**」などと使う。人をおどしつけるような声音《こわね》のことである。「どす」は「おどす」の略かと言う説がある。

油《あぶら》をしぼる

ぐうの音も出ないほどに責めなじること。「**ぎゅうぎゅう油をしぼられた**」などと言う。「油をしぼる」は、菜種《なたね》や大豆・胡麻《ごま》、あるいは落花生・椿《つばき》などを、しめ木にかけて圧搾して油をとることで、そこから、きびしくたしなめることを言うようになった。

雷同《らいどう》

自分に決まった見識がなく、むやみに他の人の意見に賛同すること。しり馬に乗ることである。雷が鳴ると、物が同時にその響きに応じて鳴るという意から出たものである。「付和《ふわ》雷同」と熟して用いられることが多い。

また「雷同する」と動詞としても使う。**「たちまち雷同し、三千人もの人間が騒ぎ出した」**などと言う。

画餅《がぺい》

「画餅」は絵にかいたもちのこと。絵にかいたもちは食べられないから、役に立たず、むだなこと。**「画餅に帰す」**は、計画などがむだ骨折りに終ることを言う。「ガベイ」とも発音する。

胸襟《きょうきん》を開《ひら》く

心から打ち解けること。「**大いに胸襟を開いて語る**」などと言う。「胸」は、むねのこと、「襟」は、えりのこと。きちんと着物を着ることなく、楽にしているということで、打ち解ける意が出たのであろう。

棒《ぼう》に振《ふ》る

今までの努力や苦心を台なしにする。ふいにすること。「**せっかくの就職口を棒に振ってしまった**」などと言う。江戸時代に、今までの努力などが無になることを「棒になる」と言った。ただの棒になるという意味でもあろうか。「棒に振る」の「棒」もそういう意味か。『諺語《げんご》大辞典』には「棒手振《ぼてふり》にして売払ふといふ意より出でし語」とある。「棒手振」は、品物をかついで呼び声をたてて売り歩く人のことである。

虫《むし》の知《し》らせ

何となく心に感じること。「虫が知らす」の名詞形。「**今から考えれば、あれが虫の知らせだったんですね**」などと言う。なぜ「虫」が知らせると言うか明らかではないが、この場合の「虫」の使い方と同じようなものに「虫が好かぬ」という言い方がある。

ほぞをかむ

後悔すること。「**あとでほぞをかむようなことはしないほうがいい**」などと使う。「ほぞ」は「へそ」のこと。もと漢語の「噬臍《ぜいせい》」から出た言葉。へそをかもうとしても口がとどかないという意で、後悔しても及ばないことのたとえ。

もったいをつける

おもおもしくふるまうこと。「もったいぶる」と大体同じ意味である。「もったい」は、ものものしいこと、尊大ぶることの意で、しばしば「勿体」と書かれたが、これは当て字であろう。

枚挙《まいきょ》にいとまなし

たくさんあって数えきれないこと。「**飢餓のため死する者枚挙にいとまなし**」のように使う。本来は「枚挙にいとまあらず」と言った。「枚」は、この場合、数える意。すなわち「枚挙」は、一々数えあげることであり、「いとま」は「ひま」「時間的余裕」の意である。

生兵法《なまびょうほう》

少しは知っているが未熟なこと。「兵法」は剣術のこと。「なま」は「なま物知り」「なま焼け」などのように、「未熟」「不十分」の意。「なま兵法」は未熟な剣術使いのこと。「**生兵法は大怪我のもと**」と言うことわざもある。転じて、剣術に限らず一般に用いる。

先鞭《せんべん》をつける

他より先に着手すること。「**アフリカ貿易に先鞭をつけた**」などと言う。「鞭」は「むち」または「むち打つこと」で、元来は、他の人より先に馬にむち打ってさきがけの功名をすることである。

しりが割《わ》れる

発覚すること。隠し事や悪事などがばれる場合に使うことが多い。「**せっかくうまくごまかしたと思っていたのに、思わぬ所からしりが割れた**」などと言う。江戸時代には秘密や悪事をぶちまけることを「しりを割る」といったようである。

むしずが走《はし》る

非常に不愉快になること。「**むしずが走る男だ**」などと使う。本来「むしず」は、胸がむかむかした時胃から出る、すっぱい液のことで、「虫酸」または「虫唾」と書かれる。

判官《ほうがん》びいき

弱者に対する同情。「判官」はハンガンとも言い、昔の官制の四等官のうちの第三位で、「かみ」「すけ」に次ぐ「じょう」のことである。特に検非違使《けびいし》の尉《じょう》を「判官」と呼ぶことが多い。源義経は薄命の英雄として、一般の同情が寄せられたが、義経は検非違使の尉であったところから「判官びいき」という表現が生れた。「**判官びいきで、弱いほうへ味方したがる**」などと言う。

【す】

【せ】

索　引

本作品はグラフ社より刊行された『日本語 語源の楽しみ』（一〜五）を改題し、再編集の上、文庫化したものです。

岩淵悦太郎（いわぶち・えつたろう）
1905年、福島県生まれ。国語学者。東京帝国大学文学部国文学科卒、旧制第一高等学校教授を経て、国立国語研究所第一部長、同所長。国語学会代表理事、国語審議会部会長、NHK用語委員会委員等を歴任、勲二等瑞宝章、放送文化賞を受ける。1978年没。
『現代日本語 ことばの正しさとは何か』（筑摩書房）、『国語の心』（毎日新聞社）など多数の著書があるほか、『岩波国語辞典』（岩波書店）の共編著者をつとめた。

岩淵 匡（いわぶち・ただす）
1937年、東京都生まれ。国語学者。早稲田大学大学院文学研究科博士課程修了。文学博士。元早稲田大学教育・総合科学学術院教授。元全国大学国語国文学会理事。
編著書に『日本文法用語辞典』（三省堂）などがある。

だいわ文庫

大人《おとな》の教養《きょうよう》と語彙力《ごいりょく》が身《み》につく
日本語《にほんご》 語源《ごげん》の楽《たの》しみ

著者 岩淵悦太郎《いわぶちえつたろう》
監修 岩淵 匡《いわぶちただす》

二〇二四年二月一五日第一刷発行

発行者 佐藤 靖
発行所 大和《だいわ》書房
東京都文京区関口一－三三－四 〒一一二－〇〇一四
電話 〇三－三二〇三－四五一一
フォーマットデザイン 鈴木成一デザイン室
本文デザイン 早川郁夫（Isshiki）
本文イラスト 岡部夏実（Isshiki）
本文印刷 信毎書籍印刷 カバー印刷 山一印刷
製本 ナショナル製本

ISBN978-4-479-32081-4
乱丁本・落丁本はお取り替えいたします。
https://www.daiwashobo.co.jp